すべての子どもを
算数好きにする

「しかけ」
と
「しこみ」

山本良和
［編著］

子どもの心に「こだま」する
算数授業研究会
［著］

東洋館出版社

まえがき

「今日，算数の授業がうまくいった！」「今日の子どもたちは，素敵な表情をしていた」。こんな日が「たまたま」ではなく，毎日続くようにしたい。

2013年4月より発足した子どもの心に「こだま」する算数授業研究会。通称「こだまの会」。その由来は，静岡の研究会の帰り道，山本良和先生に東京の教員と勉強会を立ち上げたいとお願いし，発足が決まったその新幹線が「こだま678」であったことからきている。毎月日曜日に，算数に対する関心・意欲・態度をテーマにした実践例をメンバー全員が持ち寄り授業実践についてじっくり語り合ってきた。

発足から2年。11人のメンバーで，『算数授業研究』特別号13「山本良和のすべての子どもの心に響く算数授業づくりのコツ」山本良和著（東洋館出版社）で，実践を発表した。このときは，「子どもの心を動かすポイント」を共通テーマにし，1時間の授業で提案した。

発足から4年。1時間1時間の授業で子どもの心を大切にすることに変わりはないが，もう少し遠い先を見据えた視点へとテーマが向いてきた。今日の授業の子どもの姿は，この学年のどんな単元で活かされるのか。次の学年でどう活かされるのか。そもそも，どんな子どもを育てたくて今日の授業があるのか。

私の勤務校では，若手の先生が増えてきている。1時間1時間の授業を考えることで精一杯にも見える。しかし，研究授業を行うことに決まった先生は，「こんなことができるようになってほしい」と遠い目標を設定し，目の前の授業で「できる」ことを行っている。遠い目標を設定することで，今の授業は少し変わる。しかし，その遠い目標に設定した「できる」が知識・技能に偏っていたら，目の前の授業はどうなるであろうか……。

次期学習指導要領では，これからの時代に求められる「資質・能力」の必要性が示された。資質・能力の3つの柱となる「知識・技能」「思考力・判断力・表現力等」「学びに向かう力・人間性等」。特に，「思考力・判断力・表現力等」「学びに向かう力・人間性等」は，長期的な視点をもって授業に臨まなければ，育つことはない。

今回，本書で提案する「しかけ」と「しこみ」は，短期的な目標と長期的な目標の2つの視点で授業を提案している。目の前の短期的な目標に視点が向いている若手の先生や長期的な目標をいつの間にか見失ってしまった中堅の先生にぜひ読んでいただきたい。

2017年9月16日（土）に，本研究会で，第1回授業研究大会を開催することとなった。出版物や授業研究会で発信することで，研究会自体も成長させていきたい。まずは，私たち教員が，学びに向かう力・人間性を子どもたちに見せられるように。

2017年7月

[著者代表] 尾形　祐樹

すべての子どもを算数好きにする「しかけ」と「しこみ」

ページ		
1		まえがき

 すべての子どもを算数好きにする「しかけ」と「しこみ」

ページ		
6	1	すべての子どもを算数好きにするための「しかけ」と「しこみ」
9	2	「しかけ」の方法とその意味・機能
12	3	「しこみ」として価値付けるべき子どもの姿

 各学年の「しかけ」と「しこみ」実践事例

1年

ページ		
16	●	式からでも絵がわかる！　[たし算]
20	●	色板何枚分かな？　[ひろさくらべ]

2年

ページ		
24	●○の数はちがうよ！	[かけ算]
28	●これを取れば勝てるよ！	[1000までの数]

3年

ページ		
32	●つまみぐいした数が□こだったら……	[あまりのあるわり算]
36	●どちらが多く入ったのかな？	[分数]
40	●文章どおりに式にできるよ	[□を使った式]
44	●1めもりの大きさは何にしたらいいのかな？	[表とグラフ]

4年

ページ		
48	●正しいグラフを選ぼう	[折れ線グラフ]
52	●この商じゃ大きいよ	[2けたでわるわり算]
56	●きまり見つけた！	[変わり方調べ]
60	●違う羊がいるよ!!	[位置の表し方]

5年

ページ		
64	●最後に残るのは8だ！	[倍数と約数]
68	●つかみ取り大会をしよう！	[分数のたし算・ひき算]
72	●大きいのはどっちだろう？	[図形の角]
76	●1000円でかわるよ！	[割合]
80	●混んでいるのはどっち？	[単位量あたりの大きさ]
84	●トイレットペーパーを結ぶひもの長さは？	[正多角形と円]
88	●あの面をずらせば……	[角柱と円柱]

6年

ページ		
92	●あと2文字をぬるためには？	[分数のかけ算]
96	●$\frac{4}{5} \div \frac{2}{5}$は絶対2！	[分数のわり算]
100	●それじゃ違う味になっちゃう	[比と比の値]
104	●比例の関係かな？	[比例と反比例]
108	●どんな3段アイス？	[場合の数]
112	●公平と言えるかな？	[資料の調べ方]

ページ
117　あとがき

「しこみ」で
数学的な見方・
考え方を育てる！

すべての子どもを算数好きにする「しかけ」と「しこみ」

I 章

1 すべての子どもを算数好きにするための「しかけ」と「しこみ」

❶ 新学習指導要領に見る算数授業像と「しかけ」と「しこみ」

現行の学習指導要領における算数科の目標は以下の通りである。

> 算数的活動を通して，数量や図形についての基礎的・基本的な知識及び技能を身に付け，日常の事象について見通しをもち筋道を立てて考え，表現する能力を育てるとともに，算数的活動の楽しさや数理的な処理のよさに気付き，進んで生活や学習に活用しようとする態度を育てる。

それに対し，新学習指導要領（2020年完全実施）における算数科の目標は次のようになった。

> 数学的な見方・考え方を働かせ，数学的活動を通して，数学的に考える資質・能力を次のとおり育成することを目指す。
> (1) 数量や図形などについての基礎的・基本的な概念や性質などを理解するとともに，日常の事象を数理的に処理する技能を身に付けるようにする。
> (2) 日常の事象を数理的に捉え見通しをもち筋道を立てて考察する力，基礎的・基本的な数量や図形の性質などを見いだし統合的・発展的に考察する力，数学的な表現を用いて事象を簡潔・明瞭・的確に表したり目的に応じて柔軟に表したりする力を養う。
> (3) 数学的活動の楽しさや数学のよさに気付き，学習を振り返ってよりよく問題解決しようとする態度，算数で学んだことを生活や学習に活用しようとする態度を養う。

すぐに目に留まるのは「数学」という表現である。「数学的な見方・考え方」，「数学的活動」，「数学的に考える資質・能力」，「数学的な表現」には文字通り「数学」という表現が用いられている。それ以外にも「数理的に処理する」とか「統合的・発展的に考察する力」のように数学が意識されている表現も見える。教科の専門性が強調されて，何だか難しいことをしなければならないような印象を受ける。「算数」は一体どこに行ってしまったのだろうか。先人がしてきたように，子ども自身が生活場面や具体的な活動を通して数学をつくっていく「算数」の価値は保障されるのだろうか。これからの算数授業が何だか心配になってくる。数学が強調されることで，数学としての価値の一般化を急ぐ授業や上意下達的に公式等を子どもに押し付ける授業が現れるのではないかという危惧である。

数学的な資質・能力を育てることを目標にしている学習指導要領ならば，子ども自身が

「算数的な問題意識」を抱き，その解決に向けて取り組んでいくような授業が不可欠である。ここではあえて「算数的な」という表現を用いてみた。それは，数学という学問の世界から下ろされてくる問題意識ではなく，子どもの生活や活動の中から生まれてくる問題意識という意味合いを強調したいからである。つまり，子どもが問題意識をもつことそれ自体が資質・能力として大事にされるべきだという思いが強い。

ところで，平成28年4月18日，教育課程部会算数・数学ワーキンググループでは，小学校における「資質・能力の育成のために重視すべき学習過程の例」として図①が示された。これは，新学習指導要領における算数の授業モデルと捉えてよいものだが，興味深いのは，問題解決型授業との表現の違いである。

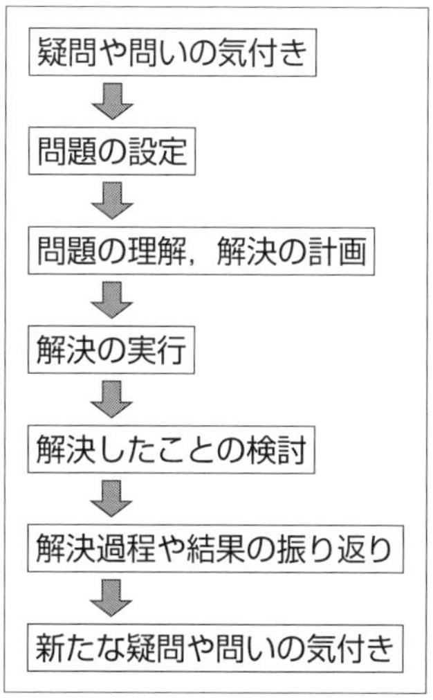

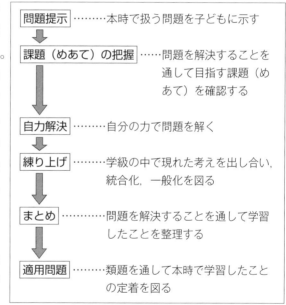

図① 資質・能力の育成のために重視すべき学習過程の例

図②は，問題解決型の授業展開の1つのモデルである。この中の各項目は，一般的に「段階」と呼ばれる。つまり，授業を「段階」という分節に区分けし，授業の時系列に沿って教師が意図的に設定していく。だから，基本的にこれらの順序が入れ替わることはない。つまり，教師が授業を進める上での段取りとなっている。

それに対して，図①「資質・能力の育成のために重視すべき学習過程の例」に示された各項目は，教師が設定する「段階」ではない。算数の問題解決をしていく子どもが示す学びの「様相」であり，それが子ども目線で整理されている。

図② 問題解決型の授業展開例

これらの違いは，特に「問題」という言葉の意味の違いとして顕著に表れている。図②の問題解決型授業の最初の段階である「問題提示」の「問題」は，教師が子どもに示す問題である。例えば，教科書にある問題を教師が黒板に書いたりするようなものを意味する。

一方，図①の「資質・能力の育成のために重視すべき学習過程の例」に示された学びの「様相」である「問題の設定」，「問題の理解，解決の計画」の「問題」は，教師が与えるものではなく，子ども自身が見いだした子ども自身にとっての問題である。それは，子ど

もが抱く問題意識と言い換えてもよい。子ども自らの「疑問や問いの気付き」から生まれてきた本当に解決したい問題こそが，学びの「様相」としての「問題の設定」となる。数学的な資質・能力を育むためには，このような「問題」を子どもが主体的に解決していく授業が求められるわけである。

やはりこれからの算数では，教師主導の形式的な問題解決の授業ではなく，子ども自身の問題意識を引き出すことから始める授業を実現しなければならない。ただ，その場合，授業者には切実な問題が生じてくる。子どもの問題意識をどのように引き出すか，そしてその問題をどのように深めていくか，ということである。例えば，授業をしているとたまたまある子どもが問題意識を抱いた，あるいは発展させたというような授業では困る。これでは偶然性に頼った授業であり，日々の算数授業でいつも子どもが問題意識をもつとは限らない。子どもの中に問題意識が確実に生まれ，その問題の解決に向かって子ども自らが突き進んでいくような授業を実現するためには，授業者も確実に何かの手立てを講じなければならないのである。その手立てを，本書では「しかけ」と「しこみ」と銘打った。毎日の算数授業の中に教師が「しかけ」と「しこみ」を組み入れることで，必然的に子どもの問題意識を引き出し，その解決に向かっていけるようにしていくのである。特に，意識しておきたいのは，すべての子どもを対象にするということである。

ただし，「しかけ」と「しこみ」と言葉を使い分けているように，それぞれ意味と機能が異なる。まず，「しかけ」と「しこみ」の違いと位置付けを整理しておく。

❷ 算数授業の「しかけ」と「しこみ」とは？

「しかけ」と「しこみ」の大きな違いは，それを組み入れる時間の長さにある。

「しかけ」は，1時間の授業の中での手立てを意味する。当該の授業だからこその具体的な教材の提示の仕方や数値設定，場の設定，子どもに与える教具の工夫等を指す。だから，毎時間異なる「しかけ」を設定していくことになる。そこでは，「しかけ」によって，子どもの問題意識を引き出したり，問題意識を深めさせたりしていく。あるいは，子ども同士の対話を必然的に生み出すような「しかけ」もある。

一方，「しこみ」は長いスパンで捉えられる手立てである。料理でも「しこみ」が大事だと言われるが，算数の授業も同様である。子どもに算数的な問題意識が生まれるのは，1時間レベルの「しかけ」だけによるものではない。その当該の授業まで長い時間をかけて継続的に指導してきた「しこみ」の結果として，本時の「しかけ」が効果的に機能し，必然的に子どもの問題意識が生まれたり，深まったりするようにしていくのである。それは，日頃の授業の中で，子どもが算数の教材に対して働きかけようとしている姿や，友達の考えにかかわろうとしている姿の価値付けと言い換えてもよい。

だから，「しこみ」は毎日の算数授業で継続的に行われている教育活動である。前述のように毎日の算数授業で行っている「しかけ」によって引き出された子どもの姿を評価し，価値付けていくことが，それ以降の算数授業の「しこみ」となっていく。実は，毎時

間設定する「しかけ」は新たな「しこみ」のきっかけになるものでもあり，「しかけ」と「しこみ」は表裏一体の関係にある。つまり，「しかけ」を通して行われる「しこみ」は毎時間蓄積されていく子どもの学び方，問い方，学びに向かう態度と言い換えることもでき，新学習指導要領でいう「学びに向かう力」は「しこみ」によって育つものだと言っても過言ではない。

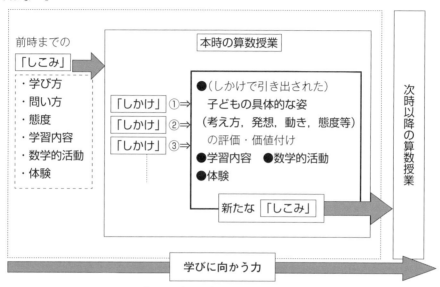

「しかけ」と「しこみ」の関係図

なお，読者の中には，「しこみ」という言葉から，当該授業の学習内容を事前に教えておくようなイメージをもたれた方がいるかもしれないが，そういうことではないということがおわかりいただけたと思う。ただし，算数科の学習内容は系統性がはっきりしており，単元配列の順序にも意味があるので，学習内容そのものの関連から「しこみ」と見えるようなことも起きる。例えば，2年生で2位数のたし算を学習している子どもが，「だったら3桁になってもできるかな？」と考えることがそれにあたる。このように発展的に考えることは至極当然の姿であり，どの子どもにも育てたい問い方である。3位数のたし算は，実際には3年生で詳しく扱うことになるが，2年生で3位数のたし算の考え方に触れることはあってもよい。つまり，これまで提唱されてきた「スパイラル」な学びである。大きく捉えるならば，「スパイラル」も「しこみ」の一つの形態なのである。

また，日々の授業の中での数学的活動や友達とのかかわりといった体験そのものも，子どもの学びの「しこみ」となっているということを意識して授業を行っていくことが大事になるということを補足しておく。

2 「しかけ」の方法とその意味・機能

「しかけ」は，1時間の授業の中に，教師が意図的に設定するものである。教師には「子

どもをこんなふうにしたい」という目的があり，それを実現するための工夫が「しかけ」なのである。だから，「しかけ」は1時間に1つというわけではない。Ⅱ章に示した授業実践例を読んでいただくとその具体がよくわかるが，どの事例にも「しかけ」は複数存在し，それぞれに教師の意図がある。これらをよく見ると，「しかけ」を設定する意図は，大きく次の3つに分けられる。

　　○すべての子どもが，算数を主体的に学ぶようにしたい
　　○すべての子どもが，友達とかかわりながら学ぶようにしたい
　　○すべての子どもが，問題意識を発展・深化させていくようにしたい

　すなわち，「しかけ」は，新学習指導要領で言われる「主体的・対話的で深い学び」をすべての子どもに実現するための1時間の授業レベルでの手立てなのである。
　そこで，本書のⅡ章に示した各実践事例に見られる授業レベルでの「しかけ」を，「主体的」「対話的」「深い学び」，それぞれの観点から分類・整理してみることにする。

❶ 主体的な学びを実現するための算数授業の「しかけ」と機能

①教材設定の「しかけ」

・ 2つの教材を対比して，選択・判断するような場面を設定する
　【機能】すべての子どもに自分の立場をきめる体験を保障する。
・ いつも同じ結果になるという事実と出合わせる場面を設定する
　【機能】すべての子どもから意外感や不思議だという思いを引き出す。
・ 特殊な数値を設定する
　【機能】どの子どもも必ず解決できる数値を設定し，全員が揃って始められるようにする。
　【機能】「その数ではあり得ない」場に出合うことで，あり得ないと言える理由を自ら考えようとする子どもの姿を引き出す。
・ 情報過多の場面を設定する
　【機能】すべての子どもに必要な情報を選ぶ必要性を感じ取らせる。
　【機能】情報の選択の仕方によって多様な考え方が成立することを実感させる。

②教材提示の「しかけ」

・ 文章や図，式等の教材を段階的に提示する
　【機能】まだ示されていない教材に対する関心を引き出す。
　【機能】条件を徐々に増やしていった場合を考えようとする発展的な思考を引き出す。
・ 図形等の教材を隠し，一部分だけ見せるように提示する
　【機能】全体を想像しようとする姿を引き出す。
・ 条件（情報）不足の問題場面を提示する
　【機能】このままでは解けないということで，全員の学びを揃える。
　【機能】足りない情報を子ども自らが仮定して考えようとする姿を引き出す。

- 複数の教材をフラッシュで提示する
  - 【機能】すべての子どもを集中させる。
  - 【機能】瞬間的に対比して違いを見つけようとする姿を引き出す。
- 教材を変化させて動的に見せる
  - 【機能】変化する前の教材と変化した後の教材で，何が違ったのか見つけようとする姿を引き出す。
  - 【機能】変化する前の教材と変化した後の教材とを関連付けて検討しようとする姿を引き出す。

③教具の「しかけ」
- 操作性を保障する教具を与える
  - 【機能】個々の子どもの考えを顕在化させ，違いを明確にする。
- 違いが実感できる教具を与える
  - 【機能】対比する思考を促したり，当たり前と思っていることを揺さぶったりする。

❷ 対話的な学びを実現するための算数授業の「しかけ」と機能

①教材設定の「しかけ」
- 2つの教材を対比して，選択・判断するような場面を設定する
  - 【機能】きめたことの違い・ズレから，どちらが正しいのかはっきりさせたいという思いを引き出す（動機付け）。

②教具の「しかけ」
- 子ども全員に活動を保障する教具を与える
  - 【機能】全員の子どもが具体的に確かめることができ，互いの考えを確実に理解することができるようにする。

③説明のさせ方の「しかけ」
- 本人には直接説明させずに，他の子どもに式等の部分的な情報だけで説明させる
  - 【機能】例えば式を読む活動のように，友達の考えを解釈する活動を通して，互いの見方・考え方のズレを引き出す。
  - 【機能】顕在化した見方・考え方のズレを埋め合わせていくことによって，個々の子どもの考えを洗練させる。

❸ 深い学びを実現するための算数授業の「しかけ」と機能

①単元配列の「しかけ」
- 単元間の関連付けを図りやすい単元配列（指導計画）とする
  - 【機能】既習事項を振り返り，新しい学習と関連付けて活用できる見方や考え方を探ろうとする思考を促す。
  - 【機能】既習事項を振り返り，新しい学習がこれまでと何が違うのか比較しようとする

思考を促す。

②問題づくりの場を設定する「しかけ」
・単元の中盤，もしくは終盤に問題づくりの活動を設定する
【機能】学習してきたことの振り返りを促し，学習内容（意味理解）の定着を図る。

　以上のように，「しかけ」を3つに大きく分けて整理してみた。しかし，実際の授業では，それぞれの「しかけ」が関連することで「主体的・対話的で深い学び」が実現されるものであるということを確認しておきたい。

3 「しこみ」として価値付けるべき子どもの姿

　ここでは，「しこみ」として日々の授業で教師が価値付けるべき子どもの姿を，「学び方」，「問い方」，「態度」の3つの観点に分けて整理する。これらに対する的確な評価の継続で，すべての子どもに対して，学びを支える「しこみ」を蓄積させていく。目標は，すべての子どもが学びの達成感や充実感を味わえることである。表裏一体の関係にある「しかけ」と「しこみ」は，算数好きを増やすために欠かせない大事な鍵なのである。

❶「しこみ」として価値付けたい「学び方」

①既習を振り返り，活用しようとする姿
　子ども自らが意識した新たな問題に対して，既習を振り返り，何が同じで何が違うのか考えようとしたり，何が使えるか考えようとしたりしている姿を価値付ける。

②対象や情報を仮定して考えようとする姿
　はっきりしないことに対して，子どもが自分でわかりやすい数値や図形等を仮定して考えようとしている姿を価値付ける。

③条件を整理して考えたり，条件によって考え方を使い分けたりしようとする姿
　一見複雑に見えるものを，条件を整理して単純化して考えてみたり，問題の条件によって解決方法を使い分けたりしようとする姿を価値付ける。

④根拠をもとに考えたり説明したりする姿
　判断する場や新たな考えを生み出すときに根拠を意識して検討しようとしている姿を価値付ける。

⑤算数用語や，表，グラフ，図，式等の算数の言語を使って表現しようとする姿
　日常言語ではなく算数用語を正しく使っている姿や，算数の言語である表やグラフ，図，式等を積極的使おうとしている姿を価値付ける。

❷「しこみ」として価値付けたい「問い方」

①多面的に捉えようとする姿
　一つの考えに固執するのではなく，よりよい方法を考えようとする姿や，固定概念に縛られずに柔軟な見方で問題解決に取り組もうとしている姿を価値付ける。また，根拠となる事実を複数見つけようとする姿も大事にしたい。

②発展的に考えたり，類比的推論を働かせていたりする姿
　1つの問題を解決して終わりとせず，条件を変えた場合等について問題を発展させたり，範囲を拡張したりしながら考えようとしている姿を価値付ける。

③帰納的推論を働かせている姿
　複数の情報の中に共通することや規則性を見いだそうとしている姿を価値付ける。また，逆に見いだした規則性が成立しない反例を見つけようとする姿も大事にしたい。

④演繹的推論を働かせている姿
　見つけた規則性や方法がいつでも成立する理由を，既習をもとに説明しようとする姿を価値付ける。

⑤答えの見当をつけたり，友達の考えを予想したりする姿
　問題解決に向けてそのまま考える前に，見当をつけたり予想したりする姿を価値付ける。また，友達の考えを解釈したり，予想したりする姿も大事にしたい。

❸「しこみ」として価値付けたい「態度」

①主体的に取り組もうとする姿
　「しかけ」に素直に反応し，算数の世界に自ら向かっていこうとする姿を価値付ける。

②批判的に考える姿
　身の回りの情報を鵜呑みにするのではなく，自分が納得できるまで妥協しない姿を価値付ける。

③関連付けて考えようとする姿
　問題解決に向けて，自分の考えを既習や友達の考えと関連付けて柔軟に考えようとしている姿を価値付ける。

④素直に，素朴に考えようとする姿
　事象に対して素直に向き合い，素朴な思いから考えを組み立てていこうとする姿を価値付ける。

⑤諦めないで最後まで自分で考えようとする姿
　問題に対して，自分の力で最後まで諦めずに取り組もうとする姿を価値付ける。

各学年の「しかけ」と「しこみ」実践事例

II章

1年 式からでも絵がわかる！
[たし算]

❶ 本時のねらい

式から問題場面を考える際のそれぞれの式の読みを通して，加法の意味理解を深める。

❷ 本時の目指す算数好きの姿

①同じ問題でも見方を変えると式が変わるよ。
②式から絵を考えたら，4つも絵が考えられたよ。
③2つの式から考えると，絵が1つに絞られたよ。

❸ 授業の流れ

①1つ目の絵から複数の式を考える。

果物は全部で何個ですか

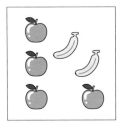 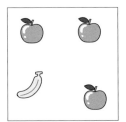

> **しかけ 01**
> 複数の見方で立式が可能な問題場面を提示する。
> ➡しこみ 01

リンゴとバナナの種類で分けて見ると，7＋3や3＋7の式になります

左と右で分けて見ると，6＋4や4＋6の式になります

見方によって，式が変わります

> **しかけ 02**
> 問題場面を立式する活動を取り入れ，左と右で分けて見る見方や，リンゴとバナナの種類で分けて見る見方があることを共通理解する。
> ➡しこみ 03

> **しこみ 01**
> 1つの式で満足せず，複数の式を考えようとする姿を価値付ける。

②式から絵を考えるという問題を理解する。

次は右の絵がわからなくなってしまいました。左のようにあめの絵なのですが，数がわかりません。式をヒントに右の絵を想像できますか

しかけ 03
式から問題場面を考える場を設定する。
→しこみ 04

しかけ 04
左と右で見たときの式，種類で見たときの式，2つの式を同時に提示せず，1つずつ提示する。
→しこみ 02

③左と右で見たときの式から絵を考える。

左と右で分けてみると，4＋3の式ができます

4＋3なら左に4つあめがあるから，右にあめは3つです。でも4通り考えられます

しこみ 02
1つの式から複数の絵が考えられることに気づき，1つの絵で満足せず，複数の絵を考えようとする姿を価値付ける。

④種類で見たときの式も合わせて絵を考える。

種類で見たときの式はないですか

種類で見ると，2＋5です

4つの絵のうち，2と5が出てくるのがこれしかないです！

しこみ 03
1問目の問題を振り返り，式から絵を考えるのならば，種類で見たときの式もあるのではないかと考える姿を価値付ける。

しこみ 04
2つの式の数の意味に着目しようとする姿を価値付ける。

4 板書計画

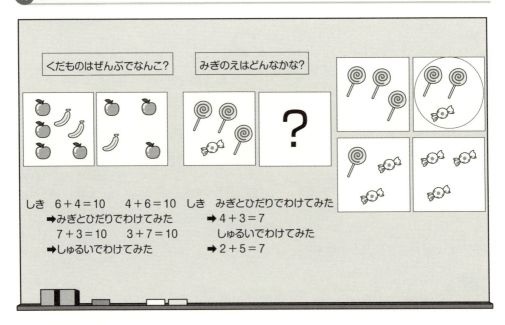

5 「しかけ」と「しこみ」

🔑 しかけ 01

■複数の式が考えられると言っても，あまり複雑な問題場面となると1年生には難しい。しかし，本教材は左と右に絵があり，絵の種類も果物が2種類と場面は非常にシンプルである。シンプルだが，2種類以上の式が考えられ，それぞれの数値の意味も理解しやすい。自然と複数の式が出てくるような「しかけ」になっている。

🔑 しかけ 02

■式から問題場面を考える活動の前に，問題場面を式化する活動をしかける。ルールを与えるのではなく，問題場面から式にする活動を通して，「左と右の見方や種類の見方がある」「2種類の絵がある」などの見方や条件を確認する。そうすることで，式から問題場面を想起する活動にスムーズにつなげることができる。

🔑 しかけ 03

■左と右で見たら「4＋3」の式が考えられるとき，「4＋3の4が左側にあるあめの数を表すから，3は右側にあるあめの数を表す。だから，右側の絵にはあめが3つ入る」など，式の数値の意味に自ずと着目できる。実態によっては「左と右で見た見方」ということも与えなくてもよいかもしれない。

■本教材はたし算の単元末に行うことを意図している。教科書では「5＋3になる問題をつくりましょう」と問題づくりが単元末に設定されている。自由な発想で自由に問題文をつくることもよいが，どのような意図で「4＋3」や「2＋5」が出てきたかを考える

ことで，より式の数値の意味に着目できる。問題づくりと併せて行うことが望ましい。

🔑 しかけ04

■ 2つの式を同時に処理することは1年生には困難である。左と右で見た「4 + 3」の式から提示することで，まず，1つの式から4通りの絵を考え，4通りの絵と2つ目の式を比較して1つに絞る，という思考の過程をしっかりと全体で共有しながら授業を展開できる。

■「4 + 3」の式だけを提示することで，「4 + 3」の式だけでは絵を1つに絞り込むことができないという経験もさせることができる。

🛠 しこみ01，02

■ 1年生の段階では，複数の式や複数の答えが考えられる教材は非常に少ない。ゆえに，問題に対して式や答えは1つという誤解を生みかねない。1年生の始めの時期だからこそ，見方によって同じ問題場面でも様々な式が考えられることや，答えが複数考えられることがあるということを経験させ，その姿を価値付けることで，1つの考えで満足せず，多面的に物事を見ようとする態度が育まれる。

🛠 しこみ03

■ 問題場面から式にする活動と，式から問題場面を考える活動を別々の問題として捉えるのではなく，場面設定が似ていることから，「2通りの見方ができたはずだ」ということを前の問題を振り返って考える姿を価値付けることで，既習事項を意識し，問題の条件などに立ち返って考える態度が育まれる。

🛠 しこみ04

■「2 + 5」の「2」はあめ玉，「5」はペロペロキャンディーなど，式の数値がそれぞれ何を表しているかを考えている姿を価値付け，式の数値に着目しようとする態度を育てる。1年生では式を書かせることが目的となっている指導も多いため，式の意味をしっかりと意識させたい。

❻ 本実践と次時以降のつながり

🛠 **しこみ01，02** ・・・・・・・・・▶
■ 多面的に考えようとする態度

関連する主な単元
1年生 ひき算
2年生 かけ算

🛠 **しこみ03** ・・・・・・・・・▶
■ 問題の条件に立ち返って考えようとする態度

関連する主な単元
3年生 □を使った式
4年生 変わり方調べ

🛠 **しこみ04** ・・・・・・・・・▶
■ 式から場面や思考過程を読もうとする態度

関連する主な単元
3年生 かけ算／わり算
4年生 変わり方調べ

1年 色板何枚分かな？[ひろさくらべ]

1 本時のねらい

広さを色板のいくつ分の大きさとして捉え，比べることを経験する。

2 本時の目指す算数好きの姿

①色板の数を数えれば，どちらが広いか比べられるよ。
②広さも，長さやかさと同じで，同じ大きさのものの何個分かで比べられるね。

3 授業の流れ

①敷き詰めパズル（色板をきれいに敷き詰めるパズル）を提示し，どちらが広いか考える。

「いえ」と「きつね」どちらが広いかな？

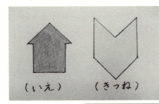 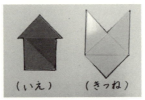

　紙の上に，色板を載せればわかると思います

色板を載せて，色板がたくさんあるほうが広いです

　家は三角の色板3枚，きつねは三角の色板が4枚だから，きつねのほうが広いです

🔑 しかけ01

「かたちあそび」で使用した直角二等辺三角形の色板を用いて，敷き詰めパズルの広さ比べを行うことにより，色板の枚数で広さを比べるアイデアを引き出す。
→しこみ01

🔧 しこみ01

色板を任意単位として，広さを数値化し，比較しようとする姿を価値付ける。

②形は違うけれど，同じ広さのパズルを提示し，どちらが広いか考える。

「しか」と「しゅりけん」どちらがひろいかな？

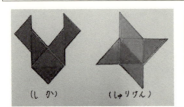

　どちらも，三角の色板6枚だから同じ広さだと思います

🔑 しかけ02

形は違うけれど，同じ広さの形を扱うことによって，量の保存性についての素地的な体験をさせる。

③2種類の色板でできた形の写真を見せ，しかやしゅりけんのパズル（三角形6枚分）とどちらが広いか考える。

　先生が作ったお城のパズルも，色板6枚でできています。しかやしゅりけんと同じ広さかな？

お城は，三角と四角の色板を使っているよ

🔑 **しかけ 03**
正方形の色板（直角三角形2枚分）を用いることにより，任意単位が同じ大きさでないと，色板の枚数で比べることができないことを経験させる。
➡ しこみ 02

お城の上に三角の色板を6枚置くと，たりないから，お城のほうが広いです

四角は，三角より大きいから，同じ6枚だけど，大きい色板が入っているお城のほうが広いと思います

お城のパズルの上に，全部三角の色板を置くと，三角の色板10枚分になるよ。だから，三角4枚分お城のほうが広いです

三角を2つくっつけると四角になります。しゅりけんは，四角3個分，お城は四角5個分だから，お城のほうが四角2個分広いです

🔧 **しこみ 02**
二等辺三角形だけでなく，正方形を任意単位として考えようとする姿を価値付ける。

色板何枚分かな？［ひろさくらべ］

❹ 板書計画

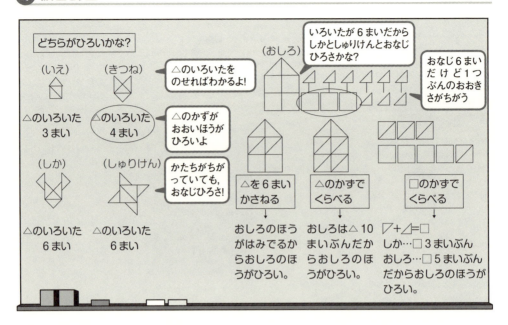

❺ 「しかけ」と「しこみ」

🔎 しかけ 01

■ 「かたちあそび」で使用した直角三角形の色板を用いて、敷き詰めパズルの広さを比べる。「かたちあそび」は、多くの教科書で「ひろさくらべ」よりも後の時期に学習する計画になっているが、単元を入れ替えることで、「ひろさくらべ」においても子どもにとってなじみのある色板を用い、子どもが自然と任意単位の数で広さを比べる活動をつくることができる。

■ 色板の枚数で広さを比較するだけでなく、色板を移動させて重ねることによって、直接比較をすることができる。簡単に直接比較することができるのも、色板を使うメリットである。直接比較により、はみ出したほうが広いことや、ぴったり重なれば同じ広さであることを十分に経験させることが大切である。

🔎 しかけ 02

■ 形は違うが同じ広さの形を提示し、広さを比べる。「形は違うのに、同じ広さなの？」と問いかけることで、子どもから、「しかの色板をしゅりけんの上に載せれば同じだってわかるよ」「両方とも同じ色板が6枚だから同じ広さだよ」と直接比較によって比べたり、色板の枚数で比べる考えを言語化させたりすることができる。「かたちは違うけれど、ひろさは同じ」ということを体験することにより、「広さは形に依存しない」ことを体験の中で学んでいく。同じ大きさの色板を使っているから、色板の枚数が同じな

らば，同じ広さであるということを子どもの言葉をつなぎながら明らかにしていく。

🔑 しかけ 03

■①②は，直角三角形を任意単位とし，直角三角形の枚数で広さを比べた。③では正方形の色板（直角三角形2枚分）と直角三角形の色板を用いて作成した形を提示する。このように直角三角形と異なる大きさの色板を入れることで，同じ大きさの色板の枚数でないと正しく比較することができない場面をつくる。同じ大きさの色板いくつ分かで広さを表せることを意識させ，今までの学習と同様に，長さ，かさ，広さの量の比較は，同じ大きさを任意単位として数値化していることに気づかせるようにする。

■直角三角形だけでなく，正方形を任意単位としても考えることができる場面をつくる。このように子ども自らが，新しい任意単位を見つけ，比べる活動を行う。何を任意単位として考えるかを取り上げることで，任意単位の1個分をより意識させることができる。

■任意単位で広さを表すことのよさの1つは，「三角4枚分広い」「四角2個分広い」など，どちらがどれだけ広いか表現できることである。「どれだけ広いか」問う場面をつくり，数値化するよさを子どもに味わわせる。

🔧 しこみ 01

■長さやかさの学習と同様に，任意単位のいくつ分かで量を比較することができることに気づかせることにより，既習と結び付けて学習する態度を育む。「同じ大きさのものがいくつ分かで比べるのは，長さやかさの学習と同じだ」と既習との共通性を振り返り，統合していく態度を価値付けていく。また，任意単位の考えは，今後学習する普遍単位の学習にもつながっていく。

🔧 しこみ 02

■直角三角形を1個分と考える，または正方形を1個分と考えるなど，何を任意単位の基準として考えたのか意識させることは，割合の考えの素地的な活動になっている。

❻ 本実践と次時以降のつながり

🔧 **しこみ 01** ・・・・・・・・・・▶
　■任意単位を用いて比較する態度
　■共通性を見いだし，統合していく態度

関連する主な単元
2年生 長さ，かさ
3年生 長さ，重さ
4年生 面積

🔧 **しこみ 02** ・・・・・・・・・・▶
　■単位を考える態度

関連する主な単元
5年生 割合

2年 〇の数はちがうよ！ [かけ算]

1 本時のねらい

1つ分のまとまりを自分なりにつくって，総数を求め，式に表す。重なりがあった場合には，1つ分から引いたり，総数から引いたりして考える。

2 本時の目指す算数好きの姿

①エの図は，9×3－3だけではなくて，7×3＋3や8×3とも表せるよ。
②次の問題は，きっと5本のまとまりだ。力は，四角形かな。

3 授業の流れ

①向きを変えた〇の数を比べる。

ア　　　　　　　　　　イ

$9 \times 2 = 18$
$2 \times 9 = 18$

$9 \times 2 = 18$
$2 \times 9 = 18$

向きを変えただけだから式は同じだよ！

> 🔑 **しかけ01**
> 向きが変わっても〇の数が変わらないということを全員に体験させる。

②つながった〇の数を比べる。

ウ　　　　　　　　　　エ

$9 \times 3 = 27$
$3 \times 9 = 27$

$9 \times 3 - 3 = 24$
$7 \times 3 + 3 = 24$
$8 \times 3 = 24$

ウと同じ9×3だよ

ウより少ないよ。だって〜

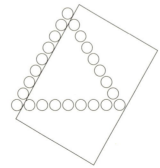

> 🔑 **しかけ02**
> エは，初めから全部見せるのではなく，三角形の1辺ずつを見せ，9×3という考え（誤答）と，9×3－3，7×3＋3，8×3など複数の式のアイデアを引き出す。

③問題の条件（数や形）を変える。

オとカは，どちらが多いかな？

オ　　　　　**カ**

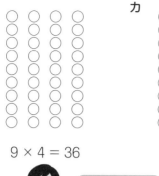

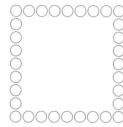

$9 \times 4 = 36$　　　$9 \times 4 - 4 = 32$
　　　　　　　　　　$7 \times 4 + 4 = 32$
 エと似ているよ　$8 \times 4 = 32$

10のまとまりを4つにしたときについて考える。

ウと**エ**の比較で，重なりについてどのように考えればよいかということの理解をこの問題で判断できる。

「**オ**のほうが多いよ。だって，**カ**は重なっているところが4つあるから」と言葉で説明させたり，

　　式で**オ**は $9 \times 4 = 36$
　　　　カは $9 \times 4 = 36$　$36 - 4 = 32$

だからと式で説明させたりする。

ここでも，「かけ算だけでも表せるよ。$8 \times 4 = 32$」という言葉を引き出したい。

④問題をつくる

　○の数を変える。
　まとまりの数を増やす。
　形を変える（交差する，まとまりが複数ある形など）。

（例）

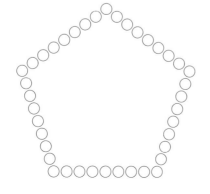

しかけ 03

○の列を2本，3本，4本と段階的に増やして見せる。

しこみ 01

アとイの問題，ウとエの問題を振り返り，次の問題を予想しようとする姿を価値付ける。

しかけ 04

問題をつくることによって，今までの問題のつくり方や変化を振り返らせる。

しこみ 02

自分で問題をつくる場面で，個々の子どもの条件の変え方を整理して価値付ける。

4 板書計画

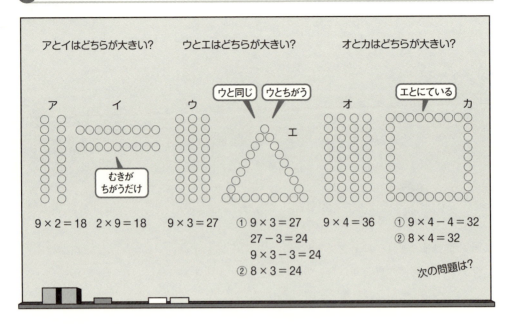

5 「しかけ」と「しこみ」

しかけ01

■○の数が同じものを，向きを変えて提示する。「向きを変えても同じだ（数は変わらない）」と子どもが反応する。当たり前のことではあるが，この経験を全員に体験させることが，偶然の子どもの姿を期待するのではなく，必然の姿を生む手立ての一つとなる。この経験が次のウとエでも「向きがちがうだけ」という考えを引き出すための「しかけ」になる。

■○の数を9個にしているのは，本単元の9の段のかけ算の学習後にすぐに使えるように意図している。もし10個以上にすれば，さらに発展した扱いとなる。授業の後半の問題をつくる場面で，子どもが○の数を増やして考えられるようにしておくのも「しかけ」である。

しかけ02

■エを提示するときに，三角形の1辺ずつを示すことで，1辺の数×3の考え（誤答）を引き出す。しかし，重なりに気がついた子どもと意見がずれ，対話が始まる。もし，正答のみ授業で取り扱ったら，わからなかった子どもや同じ考えだった子どもは受け身になってしまう。意見のずれが生まれることで，話し合いの焦点が現れる。ここでの焦点は，重なりである。

■重なりを後から引く考えと，重なりを先に引く考えや，重ならないようにまとまりをつくる考えなどが出る。この式については，図と対応させてしっかりと理解させていく。

🔑 しかけ 03

■問題場面が変わるごとに,○の列が1列ずつ増えていくような授業展開である。この授業展開そのものが「しかけ」となる。「次はもう1列増えるはずだ」と前の問題を振り返り,次の問題を予想する姿が現れる。また,形に目を向けた子どもは「三角形の次は四角形だ。次は……」と予想する子どもも現れる。

🔑 しかけ 04

■問題をつくる活動は,これまでにどのような学習をしてきたかが大きくかかわる。本時では,数と形が変化する経験を振り返り,問題をつくる。さらに,列が増えていくという考えだけでなく,○の数を増やすことも考えられる。また,形も2列に1つ重なっているだけではなく,複数で1つ重なっているという形を作ることもできる。

🛠 しこみ 01

■問題を予想する態度は,前の問題を振り返る態度を育てることとなる。本時では,数と形が変化していく様子から,「はじめは1列,次は2列。だから,次は3列だ」「さっきは三角形だったから四角形だ」などと振り返りながら,予想する姿を価値付ける。もし,「3列だ」という言葉だけが表現された場合には,「なぜ3列だと予想したのかな?」と発言した子どもだけではなく,全員が予想したもとを振り返るきっかけを与えることも必要である。この態度は,すべての学習につながるが,4年生の変わり方の学習で大きく働くこととなる。

🛠 しこみ 02

■問題をつくる活動は,発展的に考える力や一般化しようとする態度を育てることとなる。また,問題をつくる経験は,与えられた問題を解くだけではなく,自ら問題にかかわろうとする態度を育てられる。この態度は,いくつかの事例を自ら試し,いつでも当てはまることなのかと考えたり,公式をつくろうとしたりする態度にもつながる。

❻ 本実践と次時以降のつながり

🛠 **しこみ 01** ●●●●●●●●●●●●●●●➤
　■変化を見ようとする態度
　■一般化しようとする態度

関連する主な単元
4年生 変わり方

🛠 **しこみ 02** ●●●●●●●●●●●●●●●➤
　■一般化しようとする態度
　■発展的に考える態度

関連する主な単元
3年生 かけ算／わり算
4年生 面積

これを取れば勝てるよ！
[1000までの数]

2年

1 本時のねらい

コイン取りゲームで合計金額を求めることを通して，3位数の数構成を理解し，位に着目して数をまとまりで見ることができる。

2 本時の目指す算数好きの姿

①このゲームにはきっと何か秘密があるはずだ！
②100円と50円を取ったら絶対勝てるよ！

3 授業の流れ

①コイン取りゲームのルールを確認する。
・コインを8枚並べる。
・2人で交互に両端から取っていく。
・コインは左右どちらから取ってもよいが，最後に合計金額が多いほうが勝ちになる。

先行有利のゲームである。最初の1枚は左右どちらからでもよいが，2枚目を取るときに100円と50円を1つ置きに取れるようにすると勝つことができる。

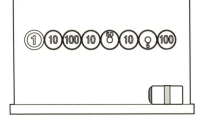

コインが8枚あります。どちらか端から取っていって，金額が多いほうが勝ちです。どちらから取ってもいいです

🔑 しかけ 01
子どもがやりたくなるような簡単なゲームを提示する。
➡しこみ01

🔑 しかけ 02
子どもが，金額の多い右側の100円を取りたくなるように意図的に並べる。
➡しこみ01

② コイン取りゲームをする。

先生が先行です。先生は少ないほうの1円を取ります

わーい。先生ありがとう！　私は100円を取ります！

先生は次も少ないほうの5円を取ります。合わせて6円になりました

わーい，10円を取ります！　合わせて110円だ！　勝てそう！

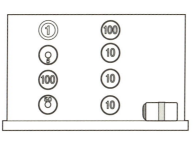

どちらが多く取れたか計算してみましょう。先生は156円です

合わせて130円です。あれ？勝てると思ったのに……

しかけ 03

教師が先に少ない金額のコインを取り，子どもに100円を取らせることで勝てそうだと思わせる。
➡ しこみ 01

しかけ 04

教師156円，子ども130円で，もう少しで勝てそうだと思わせる。
➡ しこみ 01

これを取れば勝てるよ！［1000までの数］

1年　2年　3年　4年　5年　6年

先生に「絶対に勝てる！」っていう人はいませんか？

きっと何か秘密があるはず……

🔑 **しかけ05**

3回繰り返しゲームを行い，結果を振り返らせることで，「きっと何か秘密があるはず……」と子どもに思わせる。
➡ しこみ01，02

先生，僕から先に取ってもいいですか？

どうしてそう思ったの？

🔧 **しこみ01**

子どもの疑問を問い返し，教師が必ず先行で勝っていたという根拠を引き出して価値付ける（帰納的な考え方）。

先生，この2枚を取ったら絶対に勝てるよ！

どうして絶対って言い切れるの？

🔧 **しこみ02**

100円と50円を取ることができたら，残りのコインをすべて合わせても136円にしかならないという根拠を示した子どもの発言を価値付ける（演繹的な考え方）。

❹ 板書計画

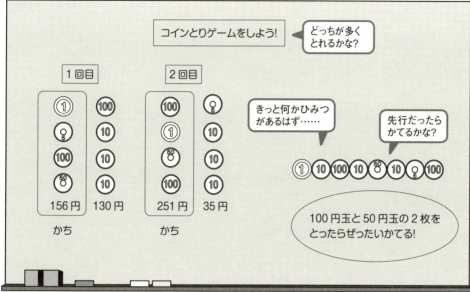

❺「しかけ」と「しこみ」

🔑 しかけ 01
■「1000までの数」の導入場面で，100や50をまとまりで見れば簡単に計算できることを体験させながら，3位数の数構成や数のまとまりの見方を養っていく。

🔑 しかけ 02〜05
■このゲームは最初に取ったコインの金額ではなく，最終的に100円1枚と50円1枚の2枚を取れば勝ちになる仕組みである。数回繰り返し行うことで，「何か秘密があるはずだ」と気づけるようにしかけていく。

🔧 しこみ 01
■必勝法の予想は，自然とゲームの結果を振り返ることになる。先行が必ず勝っていた結果から，「先行有利」と帰納的に考えられるようにする。

🔧 しこみ 02
■コインの合計金額から，100円と50円を取れば他のコインの合計金額を上回ることができることを演繹的に証明させていく。

❻ 本実践と次時以降のつながり

🔧 しこみ 01, 02 ⋯⋯⋯⋯⋯⋯▶
■数をまとまりで見る態度
■根拠を示して説明する態度

関連する主な単元
2年生 10000までの数
3年生 大きい数

3年 つまみぐいした数が □こだったら…… [あまりのあるわり算]

1 本時のねらい

九九でわり切れない場面をつかみ，計算の仕方やあまりと除数の関係を考える。

2 本時の目指す算数好きの姿

①つまみぐしした数が，もし□□個だったら……。
②あまりの数が2なの!? それなら……。

3 授業の流れ

①九九でできる包含除の場面を想起する。

> おいしいあめが 15 こあります。
> 1 ふくろに 3 こずつ入れます。
>
> え？ もう問題の続きがわかりますか？

> 「ふくろはいくつできるでしょう」です

> 15 ÷ 3 = 5 です

🔑 しかけ 01A

既習を想起させるために，問題に働きかける姿を価値付けるため，あえて問題をすべて書かずに反応を待つ。
→しこみ 01, 02

②問題の続きをつかみ，数を自分で決めて考える。

> 実は，問題の続きがあります。
> あまりに おいしいので，つまみぐいしてしまいました。ふくろはいくつできたでしょう。
>
> でした

> つまみぐいした数はいくつだろう？

> もし 1 個つまみぐいしたら……14 個
> 3 × 4 = 12 4 ふくろで 2 個あまる
> 3 × 5 = 15 5 ふくろには 1 個たりない

🔑 しかけ 01B

「つまみぐいした」という問題設定を追加する。
→しこみ 01

🔧 しこみ 01

自分で，数を決めて考えようとする姿を価値付ける。

2個つまみぐいしたら……13個だから，
●●● ●●● ●●● ●●● ○
4ふくろで1個残る

🔧 しこみ 02
既習の15÷3と関連付けている発言を価値付ける。

③あまりのある計算について知る。

13個のあめを1ふくろ3個ずつ入れると，4ふくろに分けられて，1個あまります。この式を「13÷3＝4あまり1」と書きます

九九で答えが出なくても，わり算で書くんですね

じゃあ，私が考えたのは，「14÷3＝4あまり2」になります

🔑 しかけ 02
発表される複数の式は画用紙に書き，移動したり整理したりできるようにする。
➡ しこみ 03

④除数とあまりの関係を探究する。

実はね。ふくろを作ったとき，「余り2」だったんだ（問題文：あまりに）。あまり2になる数って……？

14個のときです。14÷3＝4あまり2です

他にも「あまり2」になる式があります。
11÷3＝3あまり2

🔑 しかけ 03
条件を絞ることで，出てきた適する式はどれか，まだないかなど，思考を焦点化，発展的に考えさせる。
➡ しこみ 03

14÷3＝4あまり2
13÷3＝4あまり1
12÷3＝4
11÷3＝3あまり2
10÷3＝3あまり1
9÷3＝3
8÷3＝2あまり2

並び替えると，すぐにわかります

並び替えたいという○○さんのやりたいことがわかりますか？

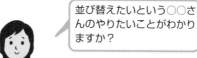
あまりが2・1・なし，2・1・なしって続くのかな？

🔧 しこみ 03
数の規則性，変化で捉えようとした発言，気持ちを価値付ける。

あまりが2になる数は14, 11, 8, 5, 2です

4 板書計画

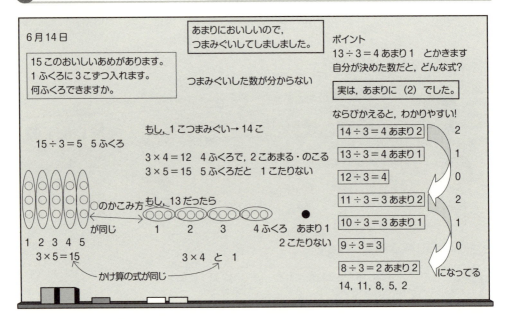

5 「しかけ」と「しこみ」

🔑 しかけ 01

■あまりのあるわり算の導入の2時間である。包含除で15÷3の問題文を途中まで提示する。「この続きがわかる人？」と投げかけると，「ふくろの数はいくつでしょう？」「15÷3！」という反応が出てくる。「15÷3＝5　答え　5ふくろ」を全員に解決させ，既習事項を想起させる。

■カードの数字を変えて，あまりのあるわり算を導入する実践は多くあるが，本実践では，より子どもたちに場面のイメージをもちやすくするために「つまみぐいをしたら……」と設定する。つまみぐいをした数は提示しない。しかし，「つまみぐい」という「15個からいくつか減っていく」というイメージは共有できる。「いくつ，つまみぐいしたと思う？」と自己決定をさせた後，決めた数で自力解決に入る。

🔑 しかけ 02

■自力解決で取り組んだつまみぐいの数はバラバラであるため，ここで再度，あまりを使った式表現を全員にさせ，式を発表させる。発表された式は，画用紙の短冊に書く。画用紙に書くことで，移動したり整理したりしたくなる気持ちを引き出す。

🔑 しかけ 03

■ここまで多様な数で取り組んできた思考を収束させ，学習に起承転結の「転」を生み出す「しかけ」として，「あまりに（2）　おいしい……」と，つまみぐいした後ふくろに入れたら「あまりが2」であった条件を加える。しかけ02で出した式の中に，あまり

が2になる式（14 ÷ 3 = 4 あまり 2 や 11 ÷ 3 = 3 あまり 2）があるだろう。その他にも，あまりが2になる式があるのかを探究させる。画用紙の短冊を並び替える中で，除数とあまりの数の変化，商が3のときの範囲など，多様な気づきを共有していく。

🔧 しこみ 01

■条件不足の問題は，子どもが問題に働きかける姿が生まれやすい。この問題では，「いくつつまみぐいしたか」がわからない。「もし……」「例えば……」と動き出す姿を価値付けて，自分でつまみぐいした数を設定させる。

🔧 しこみ 02

■つまみぐい3個を想定し12 ÷ 3 = 4にする子どもも多くいる。その場合，3個にしたいと思った理由，気持ちを共有したい。きれいに分けたいという思いを押さえた後，あまりが出てくる数を扱う。そして，13 ÷ 3の場合，「1個余る，1個残る，2個足りない」など，余ったあめの数の多様な表現を共有していく。九九では答えが出ないけれども，おはじきや図による包含除の操作や，商がいくつ分を表しているかけ算の式などが，これまでのわり算と同じと関連付けていく姿を価値付けていく。あまりのあるわり算も，九九が適用できるわり算と同様の見方で捉えることができる過程を踏んで，わり算の式で表してよいことを教える。

🔧 しこみ 03

■あまりが2になる式を見つける探究では，まず試行錯誤をさせたい。その中で，計算をしなくても見つけている子どもや，カードを並び替えたいという子どもを価値付ける。どうして見つけられるのか，どうして並び替えたいのか，その発想や思いを考えさせる。いきなり並び替えさせては，発見したその子にしかよさがわからない。試行錯誤をした後，全員が数の変化や規則性を発見していくように共有し，よさを浸透させていく。

❻ 本実践と次時以降のつながり

🔧 しこみ 01 ･･････････････➤

- ■条件を整理する態度
- ■問題に働きかける態度

関連する主な単元
- **3年生** □を使った式
- **4年生** 変わり方しらべ

🔧 しこみ 02 ･･････････････➤

- ■既習事項と関連付けて説明しようとする態度

関連する主な単元
- **3年生** 九九を越えるわり算
- **5年生** 小数の乗除の意味

🔧 しこみ 03 ･･････････････➤

- ■並び替え，整理する態度
- ■変化から規則を見いだす態度

関連する主な単元
- **4年生** わり算の筆算（見当）
- **4年生** わり算のきまり

3年 どちらが多く入ったのかな？ ［分数］

1 本時のねらい

分数の加法を適用する場面を理解し，多様な考え方で加法の計算の仕方を考える。

2 本時の目指す算数好きの姿

①小数のたし算のやり方と同じように，分数も計算できた！！
②$\frac{1}{○}$ L が何個分の考え方で，計算ができるぞ。

3 授業の流れ

①同じ結果になる分数と小数の加法の問題を提示し，どんな計算になるか考える。

0.3L　　　0.2L

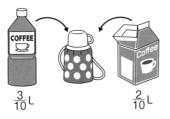

$\frac{3}{10}$L　　　$\frac{2}{10}$L

しかけ 01
3つ目の水筒を用意しておく。
➡しこみ 02

しかけ 02
同じ量の小数と分数の水筒を同時に提示する。
➡しこみ 01

ええ〜！！
先生，どちらも一緒です！

②**小数の計算をする。**

式　0.3 + 0.2 = 0.5

答え　0.5L

0.1 が 3 つと 2 つで……

3 + 2 = 5 だね

③分数の水筒について考える。

はじめに立式をする。分数のたし算は初めてである。

そこで，立式させ，どのように計算をするか考える。

小数の 0.5L の答えを生かし，$\frac{5}{10}$ L と答える子どももいるが，ただ計算してしまう子どももいる。

㋐ $\frac{3}{10} + \frac{2}{10} = \frac{5}{10}$

㋑ $\frac{3}{10} + \frac{2}{10} = \frac{5}{20}$

あれ……答えが２つ……

㋐が正解だよ。だって……う〜ん……言葉だとうまく説明できません

④図で考え，発表する。

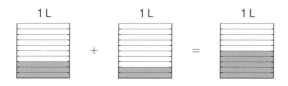

既習の数直線に対応させて考える子どももいるが，L ますを使うと $\frac{1}{10}$ L の移動がわかりやすい。

子どもの発表の中から，1L ますを 10 等分する考えを取り上げ，話し合う。

既習の「$\frac{1}{○}$ が何個分」を生かして考えると $\frac{5}{10}$ となることを理解させたい。

また，誤答である $\frac{5}{20}$ についても取り上げる。

$\frac{1}{20}$ が５個分のリットルますの図を提示すると，量が減ってしまっていることに気づく。

⑤分母を変えた計算に取り組む。

先生，３つ目の水筒にはどれくらい入っているの？

はじめにしこんでおいた，３つ目の水筒に入れる飲み物の量を伝え，計算しようとする意欲をもたせる。

しかけ 03

分母をたしてしまう子どもが出なくても，「こんな答えがあったよ」と紹介し，正解を証明したい意欲を引き出す。
→しこみ 01

しかけ 04

リットルますの図は，$\frac{1}{10}$ L ずつ移動できる教具で，飲み物が水筒に移動することを捉えやすくする。

また，$\frac{1}{10}$ L が独立したときに既習の $\frac{1}{10}$ L＝0.1L を想起できるようにする。
→しこみ 01

しこみ 01

小数の加法ではどのように考えたか振り返り，分数の加法の計算方法と関連付けて考え出そうとする姿を価値付ける。

しこみ 02

数値が変わっても，単位分数の考えをもとにして，計算する姿を価値付ける。

❹ 板書計画

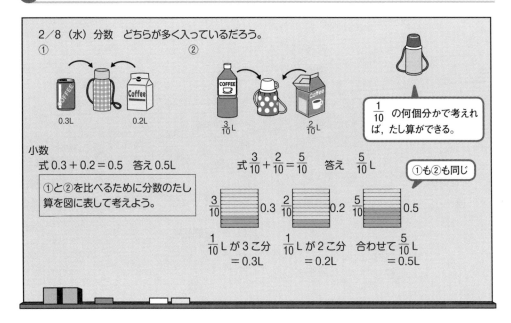

❺ 「しかけ」と「しこみ」

🔍 しかけ 01

■問題にストーリーをもたせる。「先生は友達と温泉旅行にドライブに行きます。そこで，『①水筒に入れた 0.3L と 0.2L のコーヒー』『②水筒に入れた $\frac{3}{10}$ L と $\frac{2}{10}$ L のコーヒー』の多いほうを飲みたいのですが，どちらを選べばよいでしょうか」という問題を提示する。子どもは，話の内容に興味をもちながら問題に取り組もうとするので意欲が高まる。また，飲み物を入れるという作業で加法をイメージしやすくする。板書で水筒に向けて矢印を書くなどもしていく。そのとき，3つ目の何も書いてない水筒も用意しておく。

🔍 しかけ 02

■ここでは，分数の加法の学習として示しており，小数の加法の考え方（0.1 がいくつ分）を生かして展開している。だが，教科書によっては分数を先に学ぶ内容もある。その場合は，逆に分数の計算を生かして小数の加法の方法を考える学習にすればよい。教具も，分数，小数どちらとも利用できる。そして，小数，分数を同時に提示することで関連付けながら学習できる。

🔍 しかけ 03

■考えを発表するときに，「$\frac{5}{20}$ L」というように，分母もたしてしまう子どもがいる。その反面，すでに計算方法は知っていて，確信をもって「$\frac{5}{10}$ L」と答える子どももいる。

計算方法を学習するのではなく，どのような考え方で答えが出るのかを考えさせるため，あえて誤答も扱い，説明させる。「$\frac{5}{20}$ L」と答えた子どもは，ただ分母と分子同士をたしただけなのだが，「$\frac{5}{10}$ L」と答えた子どもにはそうした理由がある。しかし，その理由を言葉で説明しても，素直にたし算をした友達にはうまく伝わらない。そこで，「図に描いて説明する」「小数のたし算を生かして考えることができないか」という意欲へとつなげていく。

🔍 しかけ 04

■ 3つのLますの掲示を作り，$\frac{1}{10}$ Lずつはがして移動できるようにし，子どもの説明の流れに沿って図も変化できるようにする。そうすることで「$\frac{1}{10}$ Lずつ増える」というイメージをもたせやすい。前時までの学習で「$\frac{1}{\bigcirc}$ Lがいくつ分」という単位分数の考えを押さえる。また，子どもは分数と小数の数直線図での関連の学習もふまえて，「0.1L = $\frac{1}{10}$ Lだから，0.5Lと$\frac{5}{10}$ Lも等しい。同じ量」ということが理解できる。

🔧 しこみ 01

■ はじめに小数の加法にふれていることから，「小数ではできたけど，分数は……」とこれまでの学習を振り返り，関連付けながら学習していくきっかけになる。また，「小数ではどんな考えで計算したか」についてふれ，「0.1Lがいくつぶん」の考え方で学んできたことも押さえていくと，子どもが説明を考える場面のきっかけになる。

🔧 しこみ 02

■ 子どもが分数の計算の仕方を理解でき，水筒の量がわかったところで，3つ目の水筒についてもふれる。はじめに掲示しておけば，子どもは一体どれくらいの量が入ったのか気になる。子どものやってみたいという態度を引き出した上で，分母が10でない分数のたし算に取り組ませる。

6 本実践と次時以降のつながり

🔧 **しこみ 01** ･････････➤ 関連する主な単元　**4年生** 小数のしくみ
■ 小数と分数を関連して考えようとする態度

🔧 **しこみ 02** ･････････➤ 関連する主な単元　**4年生** 分数／小数のかけ算とわり算
■ 単位を決めて捉える態度

3年 文章どおりに式にできるよ　[□を使った式]

1 本時のねらい

□を用いて問題場面のとおりに式に表し，□に当てはまる数を求めることができる。

2 本時の目指す算数好きの姿

①はじめの数と買ってきた数を合わせて全部にするのは，みんな一緒だ。

②□を求めるためには，全部の数からはじめの数をひけば求められるよ。だって……。

3 授業の流れ

①問題場面のとおりにテープを並べる。

> みかんが 18こ あります。
> お兄さんがみかんを 何こか 買ってきたので，
> みかんは全部で 27こ になりました。
> お話のとおりにテープを並べましょう。

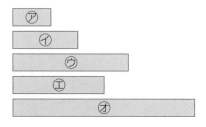

🔑 しかけ 01

5つのテープを用意しておき，必要なテープの数を子どもに考えさせる。
➡しこみ 01

 全部使わないといけないんですか？

 必要だと思うものだけ使えばいいですよ

🔧 しこみ 01

問題文を表すのに必要のないテープを除いて考えようとしている姿や発言を取り上げ，全体で価値付ける。

②並べ方に共通することを整理し，式に表す。

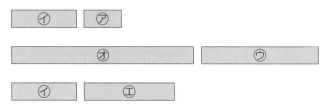

 ⓘははじめの18個，⑦は買ってきた数です。合わせて全部の27個になります

🔑 しかけ 02

テープを黒板に貼らせる際に，「はじめの」や「買ってきた」「全部」などの言葉を添えるようにさせる。
➡しこみ 02

いろいろな並べ方が提示されると思われる。そのテープを使

40

った理由を問い返していく中で、2つのテープで表すことができること、はじめの18個と買ってきた数を合わせると全部の27個を表していることを確認していく。

 言葉の式に表しましょう

はじめの数 + 買ってきた数 = 全部の数

買ってきた数はわかりませんが、□にすると、「18 + □ = 27」と式に表すことができます

③□の求め方を考える。

 お兄さんが買ってきたみかんはいくつなのでしょうか

 9個です

27になるように、1つずつたしていくと、9になります

 このテープを見ると、全部からはじめの数をひくと、買ってきた数になるので、「27 − 18 = 9」です

 □を使うと、文章のとおりにたし算に表すことができて、□を求めるときにひき算をするのですね

④問題をつくる。

 □を使うとたし算になり、□を求めるためにひき算をする、そういう問題をつくってみましょう

・みかんの数を変える。
・扱うものを変える（分離量、連続量）。
・加数、被加数を変える。

（例）

> 水が 何Lか あります。
> 水を 20L ふやしたので、
> 水は全部で 56L になりました。
> 水を何Lふやしたのでしょうか。

しこみ 02
図を使って、筋道立てて説明しようとする姿を価値付ける。

しかけ 03
問題をつくることで、文章と図、式の関係を振り返らせる。
➡ しこみ 03

しこみ 03
自分で問題をつくったり、友達の問題を解いたりする中で、学んだことを一般化しようとする態度を価値付ける。

❹ 板書計画

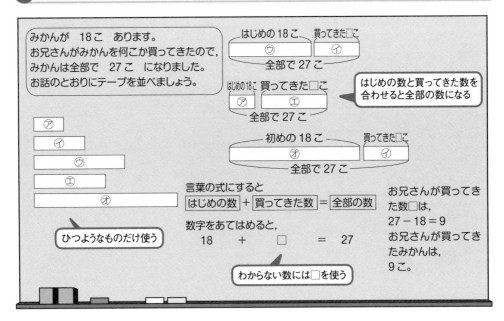

❺「しかけ」と「しこみ」

🔑 しかけ 01

■ みかんの数を表しているテープを子ども一人ひとりが操作できるように，人数分用意しておく。どのテープを使うかは，子どもに自由に考えさせる。問題場面の数量をテープに置き換えて表そうとすると，はじめの数を表すテープと買ってきたテープの2つが必要になり，その2つで全部の数量を表すことができる。

■ 5つのテープを用意しておくことで，自分の考えに必要なものとそうでないものを選ぶことになる。

🔑 しかけ 02

■ なぜそのテープを選んだのかを説明させる際に，「はじめの18こ」や「買ってきた□こ」，「全部で27こ」と黒板に書くように促していくことで，□の求め方を考えたり，説明したりする際に，言葉やテープを用いる子どもの必然の姿につながる。

■ また，それぞれの考えの共通点に着目しやすくなり，言葉の式で表すことにも自然とつながっていく。

🔑 しかけ 03

■ 問題をつくろうとすると，文章と式の関係を考えることになる。本時であれば，文章とテープの関係から立式した経験を振り返ることになる。文章をほとんど変えずに数だけ

を変えた問題や，分離量ではなく連続量を扱う問題，□を被加数ではなく加数にした問題などもつくることができる。

■新しい計算を学ぶときに，問題を1つ解いただけですぐに一般化するのではなく，3回は他の問題でも同様に立式してよいのかを考えさせることが大切である。得られた結果や数値に対して，正しいのかどうかを確かめようとする態度を育むことにつながるし，批判的に見ようとする姿勢にもつながる。

🛠 しこみ 01

■必要な情報とそうでない情報を選別する力は，問題を正しく把握したり，問題そのものを発見したりすることにつながるものである。日頃から，問題そのものに疑問をもったり，解決するために必要なものは何かを考えようとしたりする態度を価値付けていくことが大切である。

🛠 しこみ 02

■問題場面と図，言葉を関連付けながら考えていくことで，問題場面を正確に捉えることができるようになる。次時に，ひき算の逆思考問題を扱った場合，「はじめの○個」や「全部で○個」という言葉は，図と問題場面をつなげる役目を果たすことになる。

🛠 しこみ 03

■問題をつくる活動は，発展的に考えたり一般化して考えたりしようとする態度を育てることになる。本時の問題ではみかんを扱っているが，水などの液体でも同じように立式できるのではないかと考え，連続量で問題をつくることができる。本時で扱う問題では□は加数になっているが，□が被加数になってもよいのではないかと考え，「□ + 18 = 27」になるような問題をつくることもできる。

6 本実践と次時以降のつながり

🛠 **しこみ 01** ・・・・・・・・・・・・▶
■必要な情報を取り出そうとする態度

関連する主な単元
3年生 ぼうグラフと表
4年生 折れ線グラフと表

🛠 **しこみ 02** ・・・・・・・・・・・・▶
■図，式，言葉を関連付けて考えようとする態度

関連する主な単元
4年生 計算のきまり
4年生 小数のかけ算とわり算

🛠 **しこみ 03** ・・・・・・・・・・・・▶
■一般化しようとする態度
■発展的に考えようとする態度

関連する主な単元
4年生 小数のかけ算とわり算
4年生 分数のたし算とひき算

3年 1めもりの大きさは何にしたらいいのかな？ [表とグラフ]

1 本時のねらい

　同じ資料でも1目盛りの人数が異なると，棒グラフの見え方や棒グラフから読み取ることができる事実が異なるということを体感する。

2 本時の目指す算数好きの姿

①1目盛りが10人だと，人数の差がはっきりしないよ。もっとわかりやすいグラフをつくることはできないかな。
②友達のつくったグラフと自分のグラフを比べてみたい。どっちがわかりやすいグラフかな。

3 授業の流れ

①グラフを読み取る。

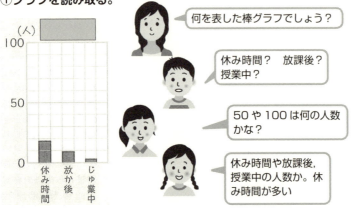

🗝 しかけ 01

表題を見せないことで，グラフから場面設定を考えようとする子どもの姿を引き出す。
➡しこみ 02

子どもからいろいろな発言を引き出したところで，表題を見せる。

子どもから「けがの人数が全部，少ないように見える」「はっきりわからない」「人数を知りたい」という言葉を引き出して，人数を伝える。

🗝 しかけ 02

あえて，目盛りの幅が大きいグラフを提示することで，子どもにグラフの読み取りにくさを体感させる。
➡しこみ 01

休み時間：18人　放課後：9人　授業中：3人

②グラフをつくる。

このグラフを使ってけがを減らすためのポスターをつくろうと思っています

1目盛りの人数が多くて，全体的にけがした人数が少なく見えます

このグラフだと，みんながけがを減らそうと思わないと思います

どんなグラフをつくったら，みんながけがを減らそうと思うでしょうか？

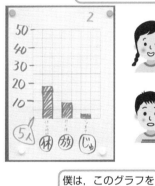

私は，このグラフをつくりました

1目盛りが5人です

僕は，このグラフをつくりました

1目盛り2人です

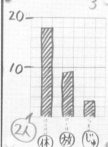

③ポスターにどのグラフを使うか検討する。

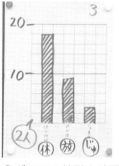

私がつくったグラフとは違うけど，このグラフのほうがわかりやすいな

私もそう思う。だって，1目盛りの人数が多いと人数が少なく見えて，けがに気をつけようと思わないよ

④グラフの特徴を確認する。

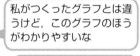
ポスターをつくるなら，目盛りの幅が小さいほうのグラフを使う

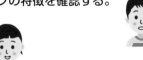
1目盛りの人数が多いと，棒グラフは小さくなる。
1目盛りの人数が少ないと，棒グラフは大きくなる

しかけ 03
グラフをかくためのワークシートは，全員の子どもに同じワークシートを配布することで，子どもからの考えを絞れるようにする。
➡しこみ01

しこみ 01
1目盛り5人のグラフと1目盛り2人のグラフの1目盛りの人数に着目して，それぞれの項目の人数の差がはっきりするほうがよいと判断する姿を価値付ける。

しこみ 02
1目盛りの人数によって，見え方が変わることに気づいたことを価値付ける。

1めもりの大きさは何にしたらいいのかな？［表とグラフ］

❹ 板書計画

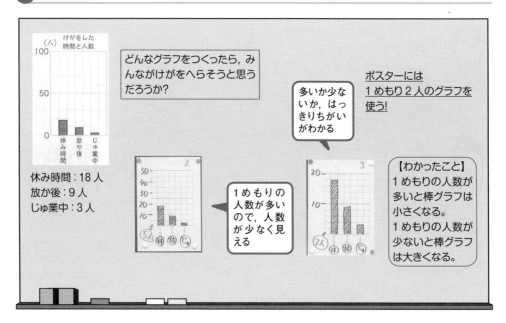

❺ 「しかけ」と「しこみ」

🔑 しかけ 01

■ 表題を見せないグラフを子どもに提示する。このことによって、提示されたグラフがどんな場面設定で表されたグラフなのかを子どもたちが読み取ろうとする。グラフや項目内容だけでは、どんな場面なのかは想像がつかない。だからこそ、子どもはグラフを深く読み取ろうとしたくなる。

🔑 しかけ 02

■ グラフの読み取りの仕方はすでに学習しているため、1目盛りの人数が異なる3つのグラフをはじめから提示し、「どれがわかりやすい？」「何か気づくことはないかな？」とは言わずに、子ども自ら、グラフを読み取ろうとする態度を育てたい。

■ 隠れていた表題を見せてグラフを提示すると、グラフを深く読み取ろうとしていた子どもたちは、グラフに提示された最大の人数が100人であるにもかかわらず、棒グラフが短いため、多いのか少ないのかわかりづらいことに気づく。このことを通して、子どもたちから「それぞれの人数を教えて」という言葉を引き出すことができる。

■ このように、子どもたちの心の動きを大切にした導入にすることが大事である。

🔑 しかけ 03

■ グラフをかくためのワークシートは、全員の子どもに同じワークシートを配布することで、子どもからの考えを絞れるようにする。

■ 休み時間のけがの人数が18人、放課後が9人、授業中が3人であると子どもに伝える。

すると，マス目が10個に分けられていることから，1目盛りを何人にすれば18人の最高人数も棒グラフに表せるのか子どもは考える。この場合は，1目盛りの人数を2人や5人にする子ども，1目盛りを何十としたい子どももいるが，1目盛りの人数を3人にしたい子どもは，18人や9人や3人を1目盛りの人数の3人で割り切れるため，グラフにしやすいと考えたからだと思われる。

■自分で1目盛りの人数を決めることを通して，1目盛りの人数をいくつにすればグラフが見やすくなるのか，子ども自らが気づくことにつなげていく。

🔧 しこみ01

■どんなグラフをつくったら，みんながけがを減らそうと思うのかを検討することを通して，1目盛り5人のグラフと1目盛り2人のグラフの1目盛りの人数に着目して，それぞれの項目の人数の差がはっきりするほうがよいと判断している子どもの姿を価値付ける。問題場面や相手に伝えたい内容，目的によって，グラフを選べる力を育てることが大事である。

🔧 しこみ02

■今の子どもたちに求められているのは，いろいろなデータから傾向を読み取り，将来的にどのようになるのかを予測させることができる力だと考えている。

■そのために，3年生の単元で1目盛りの人数を変えることによって，グラフが小さく見えたり，大きく見えたりする体験は必要である。特に，このような体験をすることによって，グラフを正しく見よう，提示された資料を正しく読み取ろうとする目を育てることになるからである。このことを基盤として，6年生の学習でも，子どもが資料の傾向を捉えるときに1つの統計的処理の方法で資料の傾向を判断することなく，いろいろな統計的処理の方法で的確に判断できるようにする力を育てることが大事である。

■また，目盛りの数が同じだと，1目盛りの人数も同じだと誤解してしまう子どもがいる。子どもたち自身に1目盛りの人数を決めさせることによって，必ずしも1目盛りの人数が同じとは限らないと意識させることにつながる。このような体験をすることで，目盛りの数が同じでも，1目盛りの大きさが違うから全体の人数も変わる，という学びへつなげることができる。

６ 本実践と次時以降のつながり

🔧 **しこみ01** ••••••••••••▶
　　■目的によって，グラフを選択する態度

🔧 **しこみ02** ••••••••••••▶
　　■グラフを正しく読み取ろうとする態度

関連する主な単元
4年生 折れ線グラフと表
5年生 円とグラフ
6年生 資料の調べ方

4年 正しいグラフを選ぼう
[折れ線グラフ]

1 本時のねらい

折れ線グラフの線の傾きからグラフが表している変化を考えられることに気づき、目盛りの大きさに注意しながら読み取ることができる。

2 本時の目指す算数好きの姿

①目盛りがなくても、線の傾きからどのように変化したのか、わかるよ。
②傾きも大事だけど、目盛りの大きさにも気をつけなくてはいけないんだ。

3 授業の流れ

①前時までの振り返りを行い、事象を知る。
「教室の水そうに水を入れました」
「でも、時間がかかりすぎると思って、とちゅうから多めに出しました」
②3つの折れ線グラフの軸の意味や違いを読み取り、3つのグラフからより適切なグラフを選ぶ。

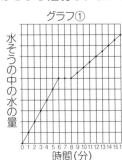
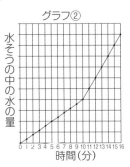
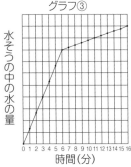

目盛りがないけど、傾き具合で説明できないかな？

しかけ 01
折れ線グラフにしたときに、線の傾きが変化することが予想できるように、事象を表す文を分けて提示する。
➡しこみ 01

しかけ 02
思考を焦点化するために、3つのグラフの中から1つ判断するという課題にする。3つのグラフを比較し、違いに注目させ、折れ線の傾きの変化に注目する。
➡しこみ 01, 02

③傾きに注目し，傾き具合で変化の様子を読み取ることも可能であることを確認する。

グラフ①だと，平らな部分があるから，一度水を止めていたはずです

グラフ③だと，前半よりも後半のほうが傾きが緩やかなので，水を少なく出したのだと思います

グラフ②は，前半よりも後半のほうが傾きが急なので，水を多く出したのだと思います。だから，一番合っているのは，②だと思います

しこみ 01
「急」や「緩やか」など，線の傾き具合に注目し，変化の様子を予想した発言を価値付ける。

④新しいグラフを教師が提示し，目盛りをもとに適したグラフを選ぶ。

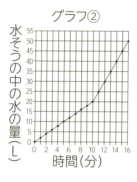
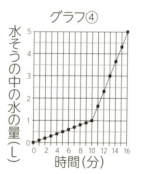

しかけ 03
先ほどの傾きが似ているグラフを，目盛りを隠して提示し，傾きだけでは判断できない場面を知る。目盛りを見て，実際の水槽の大きさと比べて判断する。
→しこみ 02

さっきと同じように，傾きを見れば考えることができないな？

目盛りを見ると，グラフ②は50Lで，グラフ④は5Lまでしかないから，グラフ④はおかしいよ

⑤問題をつくれそうな事象を予想する。

1学期の漢字の小テストの点数の結果をもとに，どのような折れ線グラフができるか予想するような問題をつくろう

しこみ 02
2つの問題を振り返り，折れ線グラフに表すことに適した事象を予想しようとする姿を価値付ける。

❹ 板書計画

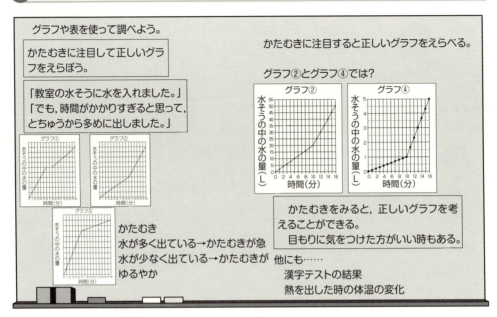

❺ 「しかけ」と「しこみ」

🔑 しかけ 01

■事象を表す文を分けて,順番に提示する。文を分けることで,水の出方が変わり,折れ線グラフの傾きも変わると予想することができる。この経験が次の傾きをもとにして,正しいグラフを判断するための「しかけ」になる。

■折れ線グラフの読み方や特徴を学習した後に,折れ線グラフから推理しながら考えることを意図している。そのため,単元の終盤で行うことがよい。

🔑 しかけ 02

■「3つの中から折れ線グラフを選ぶ」という課題にすることで,思考が焦点化され,何を考えればいいのか,どの子にも伝わりやすい。また,自分で選んだことで,根拠を考えようとする姿勢が生まれる。

■3つのグラフを比較して考えることで,横の軸が同じであることや線の傾きが違うことなど,折れ線グラフを読み取る大事な観点に気づくことができる。

■「選ばなかった2つの折れ線グラフは,どのような水の入れ方をしたのか」ということを考えることも大切である。

🔑 しかけ 03

■「目盛りがなくても,傾きを見ると正しいグラフを考えることができそう」と押さえ

た後,「どんなときでも,目盛りがなくても選べるのか」という問いを子どもにもたせ,傾きが似ている**折れ線グラフ**④を提示する。はじめは先ほどのように,縦の軸の目盛りを隠しておく。子どもたちは,同様に傾きだけで比べようと試みるが,うまくできないことを知る。

■子どもから「目盛りを知りたい」という言葉を引き出した後に,目盛りを提示する。**グラフ**②が50L,**グラフ**④が5Lで終わっていることを読み取り,同じような大きさの折れ線グラフであっても,目盛りが違うことで表している値が違うことを確認する。

■教室にある水槽の大きさから,**グラフ**④では水が少な過ぎることから,**グラフ**②がよりふさわしいこと。しかし,折れ線グラフは時には一部だけを提示することもあることを確認するために,**グラフ**④であっても折れ線グラフの続きを書くことができれば,事象に合わせた折れ線グラフになることを押さえる。

🛠 しこみ 01

■子どもたちは,目盛りの数値ばかりを気にすることがある。数や表とは違う,グラフの視覚的に状態を捉えることのできるよさを実感するために,ここで折れ線グラフの「急」や「緩やか」など,線の傾き具合に関する発言をした子どもを評価したい。

🛠 しこみ 02

■2つの問題を振り返り,傾きや目盛りに注目する必要性を確認する。同じような問題をつくれないか考えさせることで,折れ線グラフに表すことが適した事象を予想しようとする姿が見られる。その姿を価値付け,どのような事象が折れ線グラフに適しているのか整理したい。

❻ 本実践と次時以降のつながり

🛠 **しこみ 01** ・・・・・・・・・・・▶
　■折れ線グラフのよさの実感
　■類推しようとする態度

関連する主な単元
4年生 変わり方
5年生 円グラフ

🛠 **しこみ 02** ・・・・・・・・・・・▶
　■事象に合わせて適切な表し方をしようとする態度

関連する主な単元
6年生 資料の調べ方

この商じゃ大きいよ
[2けたでわるわり算]

1 本時のねらい

商の見当をつけて仮商を立て，その修正の仕方を考える。

2 本時の目指す算数好きの姿

①1人分は4～9個になるはずだよ！
②この商じゃ大きい。この商はまだ入る。だって……。

3 授業の流れ

①問題文の□の数の範囲をもとに，商の見当をつける。

> 97このプレゼントを，ほごしゃ会に来た□人に同じ数あげます。1人分は何こになりますか。

 式は，「97÷□」になります

 何人来るかわからないと求められません

2学期の保護者会は，おそらく10～20人くらい来ると思うんだけど……
(何人なら簡単にわかりますか？)

🔑 **しかけ01**
□で表した未知数のわる数を，10～20人と範囲を示すことで，数のイメージをもたせて見当をつけられる。

 たとえば，10人だったら……97÷10だから，だいたい9個です

20人だったら，4個です。
20×5＝100でたりなくなります

🔧 **しこみ01**
「たとえば……」と動き出した姿。また，10人や20人など，おおよその見当をつけ始める姿を価値付ける。

 カードの裏に先生の予想している10～20人の間の人数が書いてあるんだけど，1人分は何個になるか予想できそう？

1人分は，4～9の間の数になるはずです

②人数が16人のときの1人分がいくつか考え，求める。

 今からカードをめくります。1人分何個になるか，4～9の中で，15秒で予想してノートに書きましょう。予想できた人から立ちましょう。(わる数16のカードを見せる)……（15秒）……「せーの」で予想した人数を言います

🔑 **しかけ02**
立場をはっきりさせ，ずれを生ませるために，短時間で予想をさせて，一斉に言わせる。
➡しこみ02

8！ 6！ 7！ 4！   5！

今，予想した数で 97 ÷ 16 の筆算をしてみましょう

③商を修正する必要がある筆算も書き，過程を共有する。

「ダメだ」って聞こえたんだけど，何がダメだったか教えてください

商を 8 にしたら，16 × 8 = 128 でオーバーしました

しかけ 03

画用紙に筆算を書いていくことで，発言が前後しても並び替えられるようにしておく。
→しこみ 02

うまくいかなかったみたいだけれど，ノートに商を 8 と立てて，97 ÷ 16 の筆算をしてみましょう

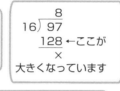
```
     8
16)97
   128 ←ここが
    ×  大きくなっています
```

ほかにもダメだったのあるよ

```
     5
16)97
    80
    17
```
「あまり 17」だから まだ入ります

```
    1 }6
    5
16)97
    80
    17  まだ 16 が取れる
    16  1つ増やします
     1
```

しこみ 02

わかりやすいように，順序よく整理しようとする態度を価値付ける。

筆算の画用紙を並べ替えてもいいですか？

並びかえるとわかりやすいです。やっぱり商は 6 になります

④ちがう数で修正する体験を重ねる。

人数が 21 人，26 人に変わったら，どうなるかな？商の予想を立てて，筆算してみよう

今度は少なかった。まだ入ります

商を増やせばいいのか，減らせばいいのか，わかってました

しかけ 04

別の数で試すことで，仮商の修正に関する話し合いを振り返り，自分なりに商の見当をつけて筆算できるようにする。
→しこみ 01

❹ 板書計画

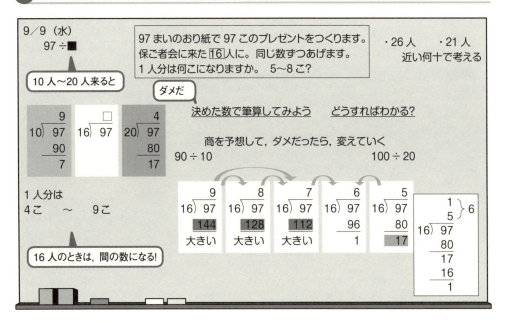

❺ 「しかけ」と「しこみ」

🔑 しかけ 01

■ 商の見当つけと仮商の修正について考えることに重点を置く第3時である。手がくし法での仮商の立て方や下方修正を形式的に教えるのではなく，数を多様な見方で捉えて商の見当をつけ，場合に応じた仮商の修正があることを考える時間とする。手がくし法，四捨五入など，どの方法がよいのかを決めることはしない。

■ 数値をそのまま提示すると，先行学習している子どもはすぐに解いてしまうなど，差が生じる。わる数を□にしておき，未知数で始めることで，全員で条件を押さえていきたい。次に，問題の参加人数「10～20人は来ると思うんだけど……」と数値を範囲で示す。その範囲での商の最大，最小を見積もることができる。主課題として，16人を提示したとき，商は先ほどの最大と最小の間になることが予想できる。問題場面をイメージさせ，かけ算で商の見当をつけさせていく。

🔑 しかけ 02

■ 立てた仮商が違う場合，もう一度仮商を立てる必要がある。この時間は，仮商の修正が必要であることに気づく体験を全員にさせたい。修正が必要な仮商の意見から取り上げ，計算の過程やあまりを見て，なぜ正しくないかを確認するために，全員に商の修正が必要な筆算をノートに記述させていく。

■ そのため，16人を提示する際に，自分の立場をはっきりさせ，ずれを生ませるようにする。短時間で予想をさせて，一斉に4～9の間の仮商を言わせる。決めた商で一度筆

算をさせる。そして，うまくいかなかった反応を拾い，検討を始める。

🔑 しかけ 03

■発表させる筆算は，画用紙に教師が書く。画用紙に書かせることで，移動して整理することができる。はじめは，順序立てていないものを，大きい数から小さい数へと並べ替えるなどしていきたい。また，上方修正があることにも気づかせ，立てた商によって上や下に修正できるような見方を育てる。

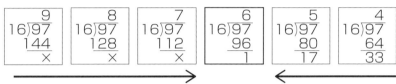

🔑 しかけ 04

■問題の数値を変えて，もう一度筆算をすることで，商の見当をつけて仮商を立て，修正する経験をさせたい。この１時間で正しい商を一度で見つけられる必要はない。それぞれの子どもなりに商を立てて，立てた仮商を修正する活動自体に意味がある。次時で手がくし法や四捨五入でまるめる方法など，仮商の計算の仕方を整理していく。

🔧 しこみ 01

■未知数□に対して，「例えば……だったら〜」と具体的に考えたり，仮説を置いたりして考える姿を価値付けたい。その際，簡単な数であったり，極端な数で考えたりする姿には，どうしてその数で考えようとしたのかを問い返したい。これまでの学習や数学的な価値を振り返る機会になる。ここでは，10 や 20 だと仮商が簡単に立つ，筆算をしなくても計算できるなど，思考を節約しようとする態度を価値付けたい。また，最大と最小の範囲を考える活動は，数を見積もり推測する態度の育成にもつながる。

🔧 しこみ 02

■話し合いの中で移動したり整理したりしたほうがよいものは，画用紙を利用する。ここでも筆算は画用紙に書く。仮商の下方修正，上方修正に関する説明の際，わかりやすいように，順序よく整理しようとする態度を価値付ける。また，商が変わることによる数の規則的な変化などを発見した姿も価値付けたい。

⑥ 本実践と次時以降のつながり

🔧 しこみ 01 ・・・・・・・・・・・・・・・▶

■より簡潔明瞭を求める態度
■範囲から見積もる態度

関連する主な単元
5年生 小数のかけ算／× 2.3 の見積もり
5年生 多角形と円周／正方形＜円周＜六角形

🔧 しこみ 02 ・・・・・・・・・・・・・・・▶

■整理しようとする態度
■数の変化のきまりを楽しむ態度

関連する主な単元
4年生 変わり方調べ
6年生 資料の整理

4年 きまり見つけた！[変わり方調べ]

1 本時のねらい

伴って変わる2つの数量関係を表などに表して，その関係を調べることができる。

2 本時の目指す算数好きの姿

①もっと大きい（小さい）ものも作れるよ！　きっと次は32個かな？
②あ！　○○さんの見つけたきまり，わかった（見えた）よ！

3 授業の流れ

①台形のパターンブロックを2枚，8枚使った正六角形を作る。

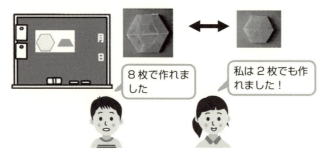

8枚で作れました
私は2枚でも作れました！

> **しかけ01**
> 数を捉えたりイメージしたりしやすくするために，実際に手に取って操作することのできるパターンブロックで問題を提示する。また，始めに使用する数をあえて固定しない。
> →しこみ01

② 18枚でできる正六角形を作る。

もう一回り大きいものを作ることができないかをみんなで考える。

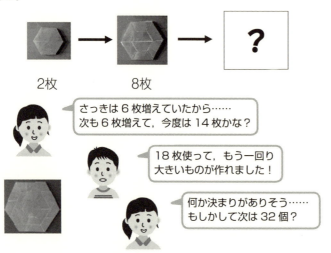

2枚　　8枚

さっきは6枚増えていたから……
次も6枚増えて，今度は14枚かな？

18枚使って，もう一回り大きいものが作れました！

何か決まりがありそう……
もしかして次は32個？

もう一回り大きいものは，何枚で作ることができるのか，予想する。

> **しこみ01**
> 「6枚増えていたから……」など，変化の様子に数を使って表すつぶやきや姿を取り上げ，価値付ける。

> **しかけ02**
> さらに大きいものは，何枚使って作ることができそうかを問いかけ，各々に具体的な数で予想させる。
> →しこみ02

③もう一回り大きい正六角形が，32枚でできた理由を話し合う。

32枚でできる正六角形を作る。

やっぱり32枚だった！

なぜ32枚と予想できたのか。そう予想していた根拠を話し合う。

きまりがあると思いました……4ずつ増えてて……

4なんてどこにもないよ！

🔑 しかけ 03
なぜ，32枚と予想したのか，32枚だという予想について「絶対」や「やっぱり」など根拠をもったつぶやきを取り上げ共有する。
➡ しこみ 02

④表にまとめて，見つけたきまりを探す。

見つけたきまりを表に整理して，みんなで振り返り，説明し合う。

2枚　　8枚　　18枚　　32枚

大きさ	①	②	③	④
台形	2	8	18	32

4ってどこのことなんだろう……

ここに矢印を入れると4が出てくるよ！

あ！　○さんの見つけた4ずつ増えているところ見つけたよ！

あ！　他にもきまりが見えた！

🔧 しこみ 02
予想した変化の様子やその根拠について，表を使って指さしたり，矢印を書き込んだりして説明しようとする姿を価値付ける。

4 板書計画

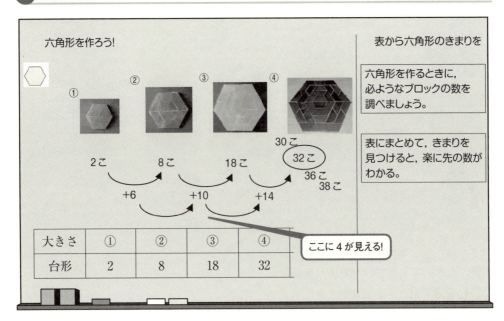

5 「しかけ」と「しこみ」

しかけ 01

■ 本単元は，「伴って変わる２つの数量の関係」について教材として取り扱う。子どもたちの生活の中にはたくさんの伴って変わる２つの数量が存在するが，その変化が数で捉えやすいもの，操作して変化する様子を捉えることができるものを選んだ。数が視覚的に捉えられ，「6枚で作ることができた」「2枚でも作ることができる」「次は何枚だろう？」と大きさの変化と，枚数の変化を意識して変化を捉えることができる。

■ また，あえて始めに「2枚で作りましょう」「8枚で作りましょう」と数を指定しないことで，2枚の場合と8枚の場合の両方が子どもの考えた答えとして出される。このことで，「大きさを変えれば，使うブロックの数は1通りではない」「もっと大きいものも作ることができるかもしれない」と，子どもが先を考えて動き出す発展性を教材に与えることができる。

しかけ 02

■ 子どもたちが「何枚で次は作れるだろう？」と予想し出したタイミングで，さらに大きいものは何枚かを問う。数の変化により注目して考え出すきっかけをつくる。

■ 「2枚→8枚」と出た時点で「同じ数ずつ増えていくのではないか」と考え出す姿が出てくることが予想される。しかし，1つ大きいものは18枚であり，予想と結果の間にずれが生じる。「なぜだろう？」という問いが生まれるため，18枚の次を予想する場面で発問することがよいのではないかと考える。しかし，この段階で子どもたちから

「次に一回り大きくなったときに，必要となるブロックの枚数は何枚だろうか？」という姿が見られなければ，もう一回り大きくなった32枚のときでもよい。

🔑 しかけ 03

■予想する枚数の中には，根拠を伴うもの，行き当たりばったりなものが混在する。子どもなりの「絶対」や「やっぱり」などの根拠や，想いを含んだ言葉を全体の場で取り上げることが，表を用いた話し合いの場面へ向けての重要な「しこみ」となる。この教材は，変化のきまりが2，8，18，32と目に見える数値だけでは捉えることが難しく，きまりを見つけた子どもの説明も共有することが難しい教材であり，表に整理することの価値を実感しやすい教材である。「4なんてどこにもない！」など，説明に対してもこの段階ではずれが生じる。このずれが生じる場面が後に「表に整理するときまりが見える！」という実感を生む。「表に整理することの価値を実感する」という視点で考えると，本時は単元の学習の最後に発展として学習するだけではなく，あえて単元の導入として実施する価値も十分にある。

🔧 しこみ 01

■漠然と大きくなった，増えた，と捉える子どもたちの中で，「○ずつ増えた」「前に○個増えて次は□個増えたから……」と，伴って変わる2つの数量の変化を，具体的な数で捉えようとしている子どもを取り上げ，価値付けていく。このことは，今後の比や比例，割合の学習の中で比例定数や基になる量を見いだす力につながっていく。また，本時の中でもきまりがあることに気づいたり，そのきまりのしくみを見つけたりすることにつながる。

🔧 しこみ 02

■表は関数関係について話し合ったり考えたりする上で，大変便利な道具である。しかし，4年生の段階ではそのよさを十分に実感できないまま終わってしまうこともある。見つけたきまりについて話し合う中で，表を指さしながら説明したり，矢印を書き加えてきまりを表現したりする姿を取り上げて価値付けることで，表のよさを実感し，今後の学習で利用しようとする算数的な態度が養われる。

❻ 本実践と次時以降のつながり

🔧 **しこみ 01，02** ・・・・・・・・・▶

■変化を見ようとする態度
■具体的な数値で見ようとする態度
■表を使って表現しようとする態度

関連する主な単元
- **5年生** 比例
- **5年生** 割合
- **6年生** 比例

4年 違う羊がいるよ！！
［位置の表し方］

1 本時のねらい

○平面上の位置の表し方を考える。
○平面上の位置を2つの数の組で表せることを知る。

2 本時の目指す算数好きの姿

① 違う羊がいるよ！ だから，あそこにいたんだよ。
② そうか，「縦2，横3」と表せばいいんだ。

3 授業の流れ

①「何匹いるのかな？」羊の数を考える。

ICTを活用し，羊の絵を提示する。

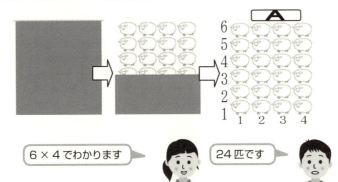

しかけ01
「いくつあるかな？ 一瞬だけ見せるよ」と投げかけ，プレゼンテーションソフトで図を提示することで，子どもに画面を注意深く見る意識を高める。
➡しこみ01

②角の生えた羊を見つける。

Bの画面を提示する。

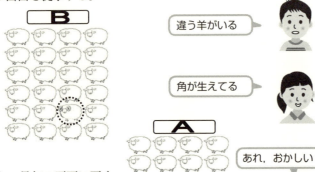

また，最初の画面に戻す。

しこみ01
数を見るときに，縦と横の積で求めたことを板書し，価値付ける。

しかけ02
AからBの画面に切り替える。その際，Bの画面は見ずに，「そんな羊はいない！」と言い切ることで，子どもたちが「いた！」という根拠として，場所を表現したくなる場をつくる。
➡しこみ02

③ Aの図を黒板に提示し，位置の表し方を交流し，表現を洗練する。

Aの画面を拡大したものを出し，「さあ，何匹いるか確認してみよう」と黒板に提示する。

24匹はわかるけど，角の生えた羊がいました

あそこにいました

下のほうにいました

「『あそこ』じゃわからないな」と子どもたちの表現ではわからないことを伝える。

左から3番目……

右から2番目……

右から2番目と左から3番目は同じ場所です

上から5番目と下から2番目も同じだよ

「言い方が共通するようにするには，どうしたらよいかな？」

羊の縦と横に書いてある数字を使うといいと思います

「縦2，横3」で表せばいいと思います

④ 新たな場面で理解を確認する。

同じような場面を提示し，位置を数の組み合わせで表せることを確認する。

今度は，「縦2，横2」になります

2つの数字を使うと位置を正確に表せます

しこみ 02
「あそこ」ではなく，具体的に「右から」や「左から」など，位置に関する表現を価値付ける。

しかけ 03
「言い方がばらばらにならないようにするにはどうしたらいいかな」と投げかけ，座標として見る縦軸と横軸に数値を振ればよいことを引き出す。子どもたちから「3の2」「2の5」のような表現が出た場合は，その表現のよさを価値付け，座標の表現を共有する。
→ しこみ 03

しこみ 03
授業の導入で引き出した数を使って表現しようとする姿を価値付ける。

4 板書計画

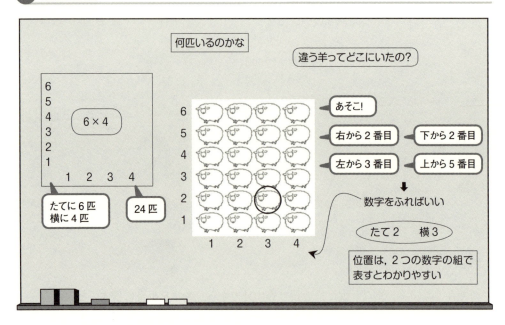

5 「しかけ」と「しこみ」

🔑 しかけ01

■ ICTを活用し,「何匹いるかな？」と,羊の画像を提示する。「一瞬だけ見せるよ」と投げかけ,パッと見せて消す。こうすることで,画面に集中する。また,このときに,子どもたちは数を縦と横の数の積で求める。こうして縦と横の数で求めたことを板書することで,後で羊の位置を表現するときに,2つの数字で表現することを引き出すことができる。引き出したアイデアは,板書に残すことが大切。

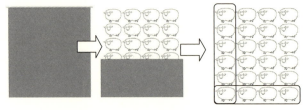

🔑 しかけ02

■ Bの画面を提示し,角の生えた羊を見せる。子どもたちは最初は数を数えようという意識をもっている。しかし,画面をよく見ていると,角の生えた羊を見つけ,「あ！　違う羊がいる！」と動き出す。このときに大切なことは,Bのときには教師は画面を見ないということである。画面をパッと消し,「ちゃんと数えることができたかな？」と投げかける。すると,「違う違う！」「1匹だけ違う羊がいたよ」と子どもたちは話

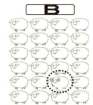

し出す。「何のことを言っているのかな？」ととぼけることで，子どもたちは「だからぁ」と，「右のほうの」「下から2番目にいたんだよ」などと様々な表現を使いながら，角の生えた羊の位置を示そうとする。

🔑 しかけ 03

■子どもたちは，位置を表すために様々な表現をする。「しかけ01」で縦と横の数で求めるアイデアを板書することで，その数を使うことが予想される。「言い方がバラバラにならないようにするにはどうしたらいいかな」と問うことで，より洗練された表現を選択する目を子どもたちにもたせる。よりよい表現をつくり上げていく視点をもつと，「3の2」という表現では2つの位置が表れてしまうことなど，表現としてのよさと伝わりにくさを共有することができ，「縦2，横3」まで表現を高めることができる。

🔧 しこみ 01

■数をかけ算のまとまりで見るということは，様々な場面で扱い，大切にしていきたい見方である。授業のねらいにはないが，そうした場面をしかけていくことは大切である。また，そうした見方を価値付けていく。数感覚は1時間で育てるのではなく，日々の場面で育てていく。また，縦と横の積で表す見方から，数字を板書に残すことで，今回の授業のねらいである2つの数の組み合わせで位置を見るという授業後半に生きるアイデアとなる。

🔧 しこみ 02，03

■最初は「あそこ！」という言葉から始まる。拙い表現から次第に表現が高まっていく過程を板書し，そのよさを価値付ける。子どもたちによさを伝えることで，それまでの表現との違いが際立ってくるとともに，さらにわかりやすく，伝わりやすい「数を用いて位置を表現する」という考え方を，子どもたちの表現が洗練されていく過程からつくり出すことができる。そして，導入時に板書した，縦と横の数がここで生きてくる。こうして板書の中を見て，授業の中で現れた表現を振り返ることで，子どもたちに新たなものをつくり出していこうとする態度が育つ。子どもたちが授業を振り返るときに，板書は大切なツールとなる，と意識させたい。

６ 本実践と次時以降のつながり

🔧 **しこみ 01** ・・・・・・・・・・・・・・・▶
　　■数を図形として見る態度

関連する主な単元
5年生 倍数と約数

🔧 **しこみ 02，03**・・・・・・・・・・・▶
　　■数を用いて位置を表現しようとする態度

関連する主な単元
6年生 比例と反比例

最後に残るのは8だ！

5年　　　[倍数と約数]

1 本時のねらい

　数の書かれたカードを順番に並べ，一方を残してもう一方を捨てていく作業を繰り返し，最後に残る数を考えていく中で，残されたカードの数の集まりが2の段，4の段，8の段となっていることに目をつけて説明し，倍数について理解する。

2 本時の目指す算数好きの姿

①残っている数は4の段の数で，次は8の段の数です。だから次は……
②最後に残る数は，8の次は16だと思います。そうすると次は32かな。

3 授業の流れ

① 1～10までのカードを分けていく操作を見せて，ルールを確認する。

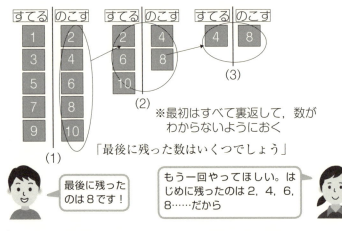

※最初はすべて裏返して，数がわからないようにおく

「最後に残った数はいくつでしょう」

最後に残ったのは8です！

もう一回やってほしい。はじめに残ったのは2，4，6，8……だから

しかけ 01

特に説明をせずに，交互に置いていき，片方を捨てるという操作を繰り返し，最後に残る数を聞く。全員に数を予想させる（根拠は問わず，全員の立場をはっきりさせる）。

② 11～13も加えて同じ操作を行い，最後に残る数を考える。

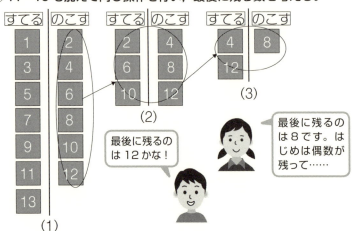

最後に残るのは12かな！

最後に残るのは8です。はじめは偶数が残って……

しかけ 02

数を13に増やしても，最後に残る数が8であることから，どうしてそうなるのか興味をもたせる。
➡しこみ01

③カードの枚数がちがったのに,どうして最後に残ったのが8なのか考える。

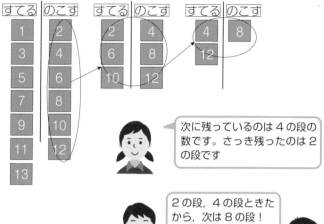

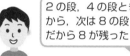
次に残っているのは4の段の数です。さっき残ったのは2の段です

2の段,4の段ときたから,次は8の段!だから8が残った

奇数は捨てて,偶数は残っています

2の段の数,4の段の数と残っていくことに気づいたところで,2や4に整数をかけた数の集まりを「2の倍数」「4の倍数」ということを教える。その際に,捨てたほうは2の倍数(4の倍数)でない数の集まりであることにもふれる。

④いつでも最後に残るのは「8」なのか考える。

いつも最後に残るのは8なのでしょうか？

もしかしたら8かもしれない

もっと数が大きかったらちがう数になると思います

もしかしたら16じゃないかな。8の倍数が残るから8,16,24で,次は8は捨てて,16は残すから……

次が16ではないかという予想をもとに,16より大きい数「24」あたりで実際に同じように分ける操作をして確認する。

さらに,数を大きくしていくと,16の倍数の次は32の倍数となっていくのではないかと予想する子どもを取り上げて,価値付けたい。

しかけ 03
カードの枚数が変わったのに,残るカードの数が8で同じになることを,残る数の集まりに着目して説明させる。
➡しこみ01

しこみ 01
「残る数は2の段」「2とびだから……」など,数の集まりの特徴を表す言葉を取り上げて説明する姿を価値付ける。

しかけ 04
カードの枚数がちがってもいつも8になるのか聞くことで,数を大きくした場合の残っていく数の集まりの変化に目を向けさせる。
➡しこみ02

しこみ 02
残った数の集まりが,2の倍数,4の倍数と変化していることを振り返り,さらに数を増やしていくことで,残る数の集まりも変わっていくことを倍数を使って説明しようとする姿を価値付ける。

❹ 板書計画

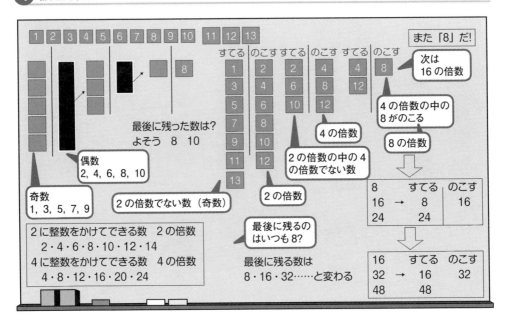

❺「しかけ」と「しこみ」

🔑 しかけ 01

■交互に置いていき，片方を捨てるという操作を繰り返し，最後に残る数を聞く。手品のような雰囲気で，特に説明をしないでカードを置いていき，その中で「どれが1？」「カードの数は順番どおりなの？」などの反応を拾いながら，最後に残ったカードの数を予想させる。予想は全員にさせるようにして，立場を明確にさせることが大切である。そのため，並べ方の操作方法が見えたところで，もう一度やってみせながら，「今ここにはどんな数があるかわかる？」など，途中経過を意識させるようにする。

🔑 しかけ 02

■数を13に増やして，改めて最後に残る数を考えさせる。すると，数が大きくなったから8も変わると考える子どもや，8のままだと考える子どもなどが出る中で，実際に調べてみると残る数が8であることから，その理由に興味をもたせたい。そして，数がちがうのにどうして8が最後に残るのかを説明するために，残す数の集まりの特徴に目を向ける。例えば，前時までに学習した偶数・奇数を振り返り，はじめに捨てるのは奇数，残すのは偶数など，数をまとまりとして見る視点を取り上げることが重要である。

🔑 しかけ 03

■カードの枚数が変わったのに，残るカードの数が8で同じになることを説明するためには，残る数がどのような数の集まりなのかを説明する必要が出てくる。その際に，その集まりを「2とびの数」「2の段」などの言葉で説明する姿を取り上げたい。その数を集

合として捉えている姿を生み出し,「倍数」の意味を教えるきっかけとする。

🔑 しかけ 04

■ カードの枚数がちがってもいつも8になるのか聞くと,子どもたちは数が大きくなっていけば8でないときも出るだろうと考える。それを取り上げながら,カードの枚数が大きくなっていくと最後に残る数はどう変わっていくのかについて考えさせていく。枚数が増えれば8の倍数が残り,その中から次は16が残る。さらに枚数が増えると16の倍数が残り,その中から次は32が残る。このように,カードの枚数と残す数の関係に気づくことができるようにする。

🔧 しこみ 01

■「残る数は偶数で」「捨てる数は奇数」「2とび」「2の段」「4の段」など数の集まりの特徴を表す言葉で説明する姿を取り上げて価値付ける。本時の中では,倍数の意味を知ることをねらいとしている。その際に,ただ数を取り出して教えるのではなく,自ら数の集まり目をつけ,その中から特徴を見いだして説明していく姿を生かしながら倍数の意味を理解させる。そうすることで,数の集合としての倍数の理解が深まっていく。さらに,残った数についても,「2の倍数の中の4の倍数でない数」と倍数という言葉を使って説明することで,数を2つの集合に類別しているというよさも価値付ける。中学校以降,数を集合として捉える見方へとつなげるためにも,特徴に合わせて数の集まりに名前をつけていく活動を大切にしたい。

🔧 しこみ 02

■ 残った数の集まりが,2の倍数,4の倍数と変化していることを振り返り,さらに数を増やしていくことで,8の倍数8,16,24の中では16が残り,16の倍数16,32,64の中では32が残ることから,最後の残る数は8,16,32と変化していることに気づく。その変化の特徴に目を向けることで,扱う数が多くなったら最後に残る数はどう変わっていくのかも見えてくる。このように,最後に残る数も変わっていくことを倍数を使って説明しようとする姿を価値付ける。

6 本実践と次時以降のつながり

🔧 **しこみ 01** ･･･････････▶
　■ 数を集合として捉えようとする態度

関連する主な単元
中学1年 正負の数(整数の集合)(自然数の集合)

🔧 **しこみ 02** ･･･････････▶
　■ 変化を見ようとする態度
　■ 一般化しようとする態度

関連する主な単元
6年生 比例・反比例

5年 つかみ取り大会をしよう！ ［分数のたし算・ひき算］

1 本時のねらい

・分母をそろえる必要性に気づき，「通分」の意味について理解する。
・パターンブロックでは表せられない分数も，既習を活用し，通分できるのではないかと発展的に考えることができる。

2 本時の目指す算数好きの姿

①△に置き換えると ■ + ▰ も計算できるよ！
②パターンブロックで表せられない分数もあるよ！

3 授業の流れ

①パターンブロックのつかみ取り大会をする。

ルール
・ペアで対戦する。
・片手で一度にパターンブロックをどれだけ多くつかみ取れるかを競い合う。
・パターンブロックは ⬡ ■ ▰ △ の4種類。
・⬡ = 1 ヒロ， ■ = $\frac{1}{2}$ ヒロ， ▰ = $\frac{1}{3}$ ヒロ，
△ = $\frac{1}{6}$ ヒロとする。

パターンブロックのつかみ取り大会をするよ。誰が一番多く「ヒロ」を取れるかな？

1をつくって考えてみよう。
ぼくは全部で，$3\frac{2}{6}$ ヒロ

私は全部で $3\frac{3}{6}$ ヒロ。
△が1つ分大きいから私の勝ちね

しかけ 01

⬡が1であることを確認してつかみ取りゲームを行う。
⬡ ■ ▰ △ のブロックに限定し，⬡に置き換えられるようにする。
➡しこみ01

しかけ 02

$\frac{1}{2}$, $\frac{1}{3}$, $\frac{1}{6}$ を操作しながら1に表し，1に満たない分数をどのように表すのかを考える。
➡しこみ01

② $\frac{1}{2}+\frac{1}{3}$ の表し方について考える。

 こんな形はどう計算しよう？

△に分解して同じ大きさにしてやると……

 ▲ は△が3こ分だから $\frac{3}{6}$
▽ は△が2こ分だから $\frac{2}{6}$
合わせて $\frac{5}{6}$ になるね

③ 考えを式に表し，パターンブロックでは表すことができない分数について考え，通分の意味を深める。

 式で表すとどうなるかな

$\frac{1}{2}=\frac{3}{6}$，$\frac{1}{3}=\frac{2}{6}$ になるから，$\frac{3}{6}+\frac{2}{6}=\frac{5}{6}$

 どんな分数でもパターンブロックを使えば式に表すことができるね

表せないものもあるよ！

 $\frac{1}{4}$ とか $\frac{1}{5}$ はできないよ！

④ 新たな問いについて考える。

 では，$\frac{1}{4}$ と $\frac{1}{5}$ を合わせた数はどんな大きさになるのでしょう

分母が等しければ計算できるんじゃないかな

 大きさの等しい分数にすればいいと思う

しかけ03

▲ $\frac{1}{2}$ と ◆ $\frac{1}{3}$ を △ $\frac{1}{6}$ のいくつ分なのかと考えさせることで，$\frac{1}{6}$ を単位量と見て，そのいくつ分かを表現することができる。
→しこみ01

しこみ01

△を活用して，▲ ◆ に置き換えて表そうとする姿を価値付ける。

しかけ04

「すべての分数がパターンブロックで表すことができる」と伝えることで，「そうではない」「違うよ」という子どもの反応を引き出す。そして，子どもから出たパターンブロックでは表せない分数をどのようにしたら計算することができるのか，次時の課題につなげる。
→しこみ02

しこみ02

新たな問いに対して，学習したことを活用し，次時につなげようとする姿を価値付ける。

❹ 板書計画

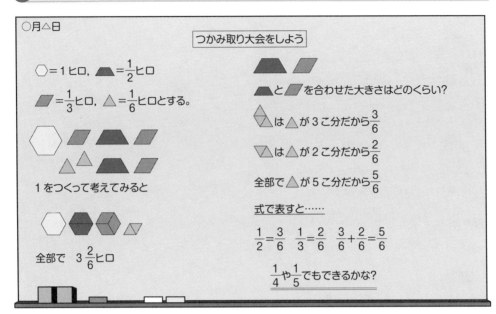

❺ 「しかけ」と「しこみ」

🔑 しかけ 01

■本時は，同値分数や約分の学習の後に実施する。パターンブロックのつかみ取り大会をすることで，分数を数値化して自分の獲得した「ヒロ」を表そうとする。まず，⬡は1であることを約束し，▰▰△を合わせると1と同じ大きさにできることを実感させる。この操作活動をすることで，分数の量感を養うことができる。

🔑 しかけ 02

■⬡に満たない分数をどのように表すかを考える。例えば，△が2つ分であると$\frac{2}{6}$であるが，分数の大きさとしては▰$\frac{1}{3}$と同じになる。子どもの思考として，「$\frac{2}{6} = \frac{1}{3}$」と考える。これは，既習である同値分数や約分のイメージ化につながり，分数の意味理解を深めることができる。また，分母が異なっても同じ大きさに表すことができるという通分の素地を養うことにつながる。

🔑 しかけ 03

■つかみ取り大会をする中で，▰と▰を合わせた大きさはどのように表せばよいかという子どもの問いを取り上げ，全体で考えさせる。その際，「△に置き換えることができる」という「両替」の概念を大切にする。そうすることで，異分母の分数でも「6分

の」にそろえられることを実感させていく。

🔍 しかけ 04

■教師は「パターンブロックですべての分数が表すことができる」と言い切ることで,「そうではない」という子どもの反応を引き出す。そして,子どもからパターンブロックで表すことができない分数を取り上げ,異分母分数をどのようにしたら計算できるのかを考えさせる。異分母分数のたし算という新たな問いを子どもから引き出し,同値分数などの既習を活用させる。

🔧 しこみ 01

■分母をそろえるために,ただ単にかけ算を活用すればよいという考えでは,分数の意味理解を深められない。パターンブロックの⬡▲◢△を操作することにより,「分母が違っても等しい大きさの分数に表すことができる」ということを体験し,実感することが大切である。また,自分で試行錯誤を重ねながらパターンブロックを操作し,何とか分母をそろえようとする姿を価値付ける。このことは分数の意味理解のみならず,目的に応じて数を変化させようとする態度を育てることとなる。

🔧 しこみ 02

■条件や数値を自ら変えた問題に取り組む活動は,今までに学習してきた内容を振り返り,既習を生かそうとする態度を育てることができる。また,どんな数値でも当てはまるかと考える一般化の考えを育てることにもなる。さらに,今までと違う条件を自分で設定して問題づくりができるようになると,発展的に考える態度を育てることができる。

❻ 本実践と次時以降のつながり

🔧 **しこみ 01** ・・・・・・・・・・・・・▶
■分数を具体物で表そうとする態度
■分母をそろえようとする態度

関連する主な単元
5年生 分数のたし算・ひき算

🔧 **しこみ 02** ・・・・・・・・・・・・・▶
■一般化しようとする態度
■発展的に考える態度

関連する主な単元
6年生 分数のかけ算・わり算

5年 大きいのはどっちだろう？　［図形の角］

1 本時のねらい

○図形についての観察や構成などの活動を通して，平面図形についての理解を深める。
○図形の性質を見いだし，それを用いて図形を調べたり構成したりする。

2 本時の目指す算数好きの姿

①内角の和が大きいのはどっちだろう？　調べてはっきりさせたい。
②四角形の中で三角形が見えた！　ということは，他の形もできそうだ。

3 授業の流れ

①ジオボードを操作し，三角形から変化する2つの四角形の内角の和を比べる。

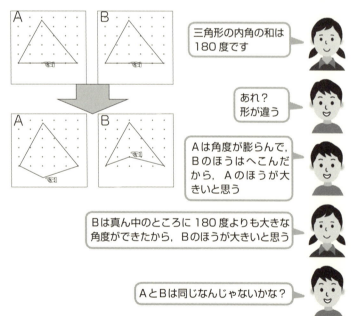

しかけ 01

意見の分かれる教材提示。三角形から一方は膨らみ，一方はへこんだように見えるようにジオボードを活用して図形を動かし，子どもの考えにずれを生む。
➡しこみ01

（吹き出し）
- 三角形の内角の和は180度です
- あれ？形が違う
- Aは角度が膨らんで，Bのほうはへこんだから，Aのほうが大きいと思う
- Bは真ん中のところに180度よりも大きな角度ができたから，Bのほうが大きいと思う
- AとBは同じなんじゃないかな？

②AとBの内角の和を調べる。

ワークシートを配布する。

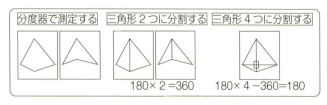

72

③考えを交流する。

180×2で考えました

考えをすべて言わせるのではなく、式のみを提示し、どうしてその式になったのかを考えさせる。

真ん中に線を引くと、三角形が2つ見えます

私はAを180×4－360と考えました

180×4だから、三角形が4つあると考えたと思います

360は、真ん中の直角4つ分だと思います

「180×4は何を表しているのか、隣の人と話し合ってみよう」とペアで話し合う活動を取り入れたり、「図形にどのような線を引いたのか、動きで表現してごらん」と投げかけたりすることで、三角形の見方の理解を判断することができる。

④問題場面を変え、新たな課題を生む。

いきなり形を変えるのではなく、「次はどんな形に変えると思う？」と投げかけることで、「どんな形でも求めることができそうだ」というアイデアを引き出すことができる。その後、「こんな形の内角の和は求めることができるかな？」とまた図形を動かす。

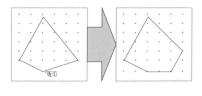

三角形が3つ見えます!!

もう何角形でも内角の和がわかります

しかけ 02

式を読む活動を取り入れることで、子ども同士の考えをただ伝え合うのではなく、「三角形が2つ見えた！」という体験をより多くの子どもにさせることができる。
→しこみ01

しこみ 01

1人目の考えから、「ということは、180×4だから、三角形4つだ」と、三角形の見方を活用しようとする姿を価値付ける。

しかけ 03

新たな場面を提示することで、本時で獲得した見方を振り返らせる。
→しこみ02

しこみ 02

新たな場面に対して、この時間で身に付けた見方を活用し、発展的に考える姿を価値付ける。

大きいのはどっちだろう？[図形の角]

❹ 板書計画

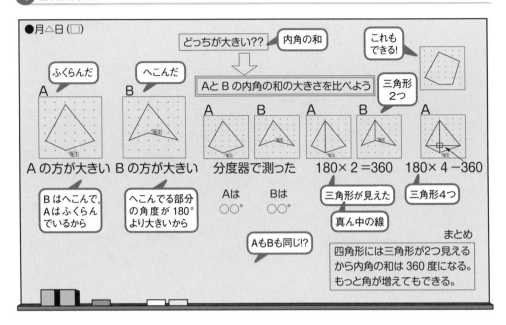

❺ 「しかけ」と「しこみ」

🔑 しかけ01

■三角形から，四角形に図形が変化する様子を見せる。その際，既習である三角形の内角の和が180度であることを確認する。最初に全員が答えることができる問題を考えることで，授業に臨む子どもたちに安心感を生むことができる。また，前時の子どもの理解を確認することができる。

■2つの図形を比べる際，ただ提示するのではなく，同じ三角形から下に膨らむ四角形とへこんだ四角形を見せる。「Aは膨らんで，Bはへこんだ」「Bには180度よりも大きな角が出てきた」「AもBも四角形だから同じ」など，子どもの考えの中にずれを生むことができる。考えがずれることで，「はっきりさせるために調べたい」という問いを子どもたちにもたせることができる。

🔑 しかけ02

■検討場面で，考えを交流する際，図形を提示するのではなく，式を提示し，そこからどのように考えたか図に戻っていく。ただ考えを発表するだけでは，聞いているだけで終わってしまうが，式を読む活動を取り入れることで，三角形が見えていなかった子どもにも，図形の中の対角線が見える体験をさせることができる。そこから「三角形を使うと四角形の内角の和を求めることができる」という演繹的な考えにつなげる。

■180×2を扱った後に，三角形4つに分けた「180×4－360」という式も扱う。こうすることで，180×2で獲得した三角形の見方をヒントに「今度は三角形4つと考えた

のではないか」と考えを共有する場を生むことができる。また，三角形の内角の和を活用することができたかどうかを確認することができる。

🔑 しかけ03

■三角形の見方を獲得した後，最後に図形をさらに動かして見せる。授業の中で獲得した
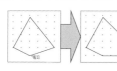
見方を確認するとともに，さらに形を変えても，同じように三角形のいくつ分で見ると，内角の和を計算で求めることができることを実感させることができる。また，すぐに形を変えて提示するのではなく，「どんな形になると思う？」と問うことで，「何角形でもできるよ」という一言を引き出すことができる。この一言をきっかけに，本時の学習を振り返り，獲得した見方をもとに図形を発展させてみる視点を共有することができる。

🔧 しこみ01

■考えを交流する際，受け身になるのではなく，その考えの追体験をする場をつくる。既習を活用すればできるという態度を育てるためには，その問題の中に潜んでいる既習事項を発見する体験をさせることで身に付いていく。本時では，四角形の中に三角形が2つ見えるということと，三角形の内角の和が180度であるという前時の学習をつなげることを価値付ける。

■また，式を読むと，その中に考えが見えてくるという体験も大切である。式をただ計算して答えを求める手段とするのではなく，式というのは算数の言語だという意識を育てていくことは，この先の様々な学習場面で生きて働く力となる。

🔧 しこみ02

■次の問題を予想したり，形を変えても同じことが言えるのではないかと考えたりする態度は，様々な場面で必要となる。本時では，動かすことができるジオボードの提示により，「他に形を変えたら」「次は……」と動き出す姿が生まれる。そうした姿を価値付けることで，演繹的に考える態度や，問題を発展させて考える態度を育てることができる。

❻ 本実践と次時以降のつながり

🔧 しこみ01
■既習事項を活用する態度
■演繹的に考える態度
■式を読み考えを探る態度

関連する主な単元
5年生 面積
6年生 角柱の体積

🔧 しこみ02
■演繹的に考える態度
■発展的に考える態度

関連する主な単元
5年生 次時多角形の内角の和

5年 1000円でかわるよ！ [割合]

1 本時のねらい

　値引き（200円引き）と割引（20％）のどちらがお得か，自分で値段を設定して調べていく中で，値引きは一定なのに対し，割引はもとの値段が変わることで割引の値段も変わると考える。また，20％引きが200円となる1000円が，どちらがお得かの境目であることに気づく。

2 本時の目指す算数好きの姿

① どちらがお得かは，値段によって変わるよ。たとえば○○円なら……
② 1000円のときは20％引きが200円引きになるからどちらも同じ。それより値段が高ければ……20％引きがお得になるね。

3 授業の流れ

① 割引券の内容をもとに問題場面を知る。

どちらでもいいの？
200円なら200円引きでタダです

どちらを使うと安いかは，もとの値段によってちがいます

🔑 **しかけ01**

何も言わずに割引券を見せ，自由に発言させてから，どちらがお得か問いかける。
➡しこみ01

② 自分で条件を設定する姿を引き出す。

300円以上って書いてあるけど，300円なら200円引きのほうがいいです

たとえば600円だったら……

10000円とかだったら20％引きのほうがお得なはずです

値段が高いと20％引きのほうがお得になります

　自分で条件を設定して説明しようとする姿を取り上げ，価値付けたい。特に安い値段と高い値段を設定しようとする発言を取り上げ，自分で値段を設定しながらどちらがお得か調べていくようにする。

🔑 **しかけ02**

「もとの値段によってちがう」という子どもに対して，教師が値段を設定せずに，「どういうこと？」と問いかけ，「たとえば○○円だったら」と自分で条件を設定する姿を引き出す。
➡しこみ01

🔧 **しこみ01**

「たとえば○○円だったら」と自分で条件を設定して調べる姿が見られたら，取り上げて価値付ける。

③自分で値段を設定しながら，どちらがお得か考える。

600円と1200円で調べてみよう。
600円の20%引きは，600 × 0.2 = 120円
だから200円引きのほうがお得です。
1200円の20%引きは，1200 × 0.2 = 240
だから200円よりも多くなります

300円から100円ずつ順番に高く
していって，表にして調べてみよう

あ！ 1000円だと20%引きが
200円だから，同じになるな

しかけ 03

「値段が安いほうが200円引き，高いほうが20%引き」と曖昧なまとめをすることによって，「1000円で変わる」という言葉を引き出す。
→しこみ02

　考えを発表していく場面では，あえて1000円を考えている子どもは取り上げず，値段が安いと200円引きがお得で，値段が高いと20%引きがお得だということでまとめようとする。そうすることで，200円引きも20%引きも同じ値段になる「1000円でどちらがお得か変わる」という言葉を子どもから引き出す。

④ 1000円について話し合う。

100円ずつ順番に高くしていったら，
ちょうど1000円で，20%引きが
200円引きと同じになりました

1000円の20%は200円だから同じです

999円までは，200円引きがお得で
1001円からは20%引きがお得です

しかけ 04

自分で割引券の設定をつくる活動を取り入れて，値引きと割引の境目を見つける問題をつくる。
→しこみ02

　200円引きと20%引きの値段が同じになる1000円が境目であることをまとめ，自分で条件を設定して調べていく中で，境目となる値段を見つけられたことを振り返り，価値付ける。その上で，「□円引きまたは△%引きの割引券」を提示して，自分で割引の条件を設定して，境目となる値段を考える活動を行う。

しこみ 02

問題を振り返り，境目となる値段を見つけることで，値引きと割引を比べられるという気づきを価値付ける。

❹ 板書計画

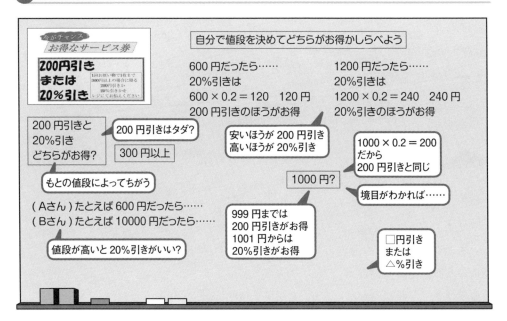

❺「しかけ」と「しこみ」

🔑 しかけ 01

■まずは，何も言わずに割引券を見せ，自由に発言させたい。子どもは，生活の中でも使われている割引券の条件を自ら読み取り，買い物場面を想像し，「200円のものならタダ」「300円以上とあるから，300円買うなら200円引きがいい」とつぶやき始める。そこで，「どちらがお得？」と問うことで，「もとの値段によってちがう」という声が聞こえてくる。場合によっては割引券の情報から，「どちらがお得？」という言葉が子どもから出てくる。その場合はその視点も大いに褒め，1枚の割引券をもとに子どもと共に問題をつくっていけるとなおよい。

🔑 しかけ 02

■割引の学習をした後なので，もとの値段がわからないと割引の値段が判断できないことから，「先生，いくらのものを買うのですか？」「もとの値段によってちがう！」と反応する子どもが出てくる。それに対して教師が値段を設定するのではなく，「どういうこと？」と問いかけるようにする。そうすることで，子どもは「値段がわからないと，どちらがお得かわからない」「安ければ200円引きがいい」「10000円とか高ければ20％引きがいいよ」など，「たとえば……だったら」と自分で条件を設定して考える姿が見られる。その姿を褒め，学習の問題として取り上げる。

🔑 しかけ 03

■発表させる場面では，自分で設定した値段でどちらがお得だったかを調べた結果を聞い

ていく。あえて1000円を考えている子どもは取り上げず，安い値段と高い値段をいくつか聞いていく中で，「なるほど，安いほうが200円引きがお得で，高いほうが20％引きがお得なんだね」と曖昧なままでまとめようとする。そうすることで，どちらがお得かの境目である「1000円」に気づいている子どもは，どうしても言いたくなる。そのつぶやきを拾って，「1000円って何のこと？」と1000円について考えることを取り上げ，改めて1000円に気づいていない子どもにも考える時間を取るようにする。

🔑 しかけ 04

■ 1000円が200円引きと20％引きの値段が同じになることから，どちらがお得かの境目を考えればよいことを振り返り，自分で割引券の設定をつくる活動を取り入れ，値引きと割引が同じになる境目を考える問題づくりをする。

🛠 しこみ 01

■ 示された条件だけで考えるのではなく，自ら条件を設定して考えようとする態度は，主体的に問題に取り組むためにとても重要となる。本時では，あえて教師が商品の値段を設定したりはせず，「たとえば○円だったら……」と自分で値段を設定して調べる姿が見られたら，取り上げて価値付けるようにしたい。そして，「みんなだったらいくらで調べてみる？」と問い，全員が条件を自分なりに考える時間を取ることも大切である。これは，様々な場面で重要な態度となるが，6年の比例・反比例の学習で変化を考える場面や，6年の資料の整理の学習で，自分で条件を設定してデータを比べる場面などで大きく働く力となる。

🛠 しこみ 02

■ 1000円という境目となる値段を見つけることで，変化しない値引きともとの値段によって変わる割引を比べることができるという気づきを価値付ける。自分で値段を設定したことで解決できたということも振り返り，自分で決めて考える大切さも価値付けたい。その上で，□円引きと△％引きの値引きの設定を決めて考えてみる活動を最後に取り入れる。他の場合でも値引きと割引が同じになる境目を考えることができるか試すことで，一般化して考えようとする態度も育てておきたい。

⑥ 本実践と次時以降のつながり

🛠 **しこみ 01** ・・・・・・・・・・・・▶
　■ 自分で条件を設定する態度
　■ 変化を見ようとする態度

関連する主な単元
6年生 比例と反比例
6年生 資料の整理

🛠 **しこみ 02** ・・・・・・・・・・・・▶
　■ 差と割合を比較する態度
　■ 一般化しようとする態度

関連する主な単元
6年生 比
6年生 拡大図・縮図

5年 混んでいるのはどっち？
[単位量あたりの大きさ]

❶ 本時のねらい

平均の考えを用いて2つの部屋の混み具合を比べ，混み具合には面積と人数の2量が関係していることや，一方の量を揃えてもう一方の量で比べられることに気づく。

❷ 本時の目指す算数好きの姿

①ぎゅっと集まっているところとすかすかのところ，ならして比べたいな。
②次は広さも違う！……違うなら，同じにする方法を考えてみよう。

❸ 授業の流れ

①面積が等しい場合に，部屋Aと部屋Bのどちらが混んでいるか比べる。

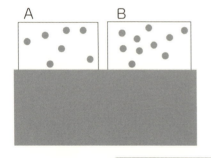

🔑 **しかけ 01**
はじめは，人数という1つの量だけで混み具合を比べられるような単純な場面について考えさせる。
➡しこみ 01

 Bに決まってる。ぎゅっと集まっている感じがする

 広さ（面積）は同じで，Aは7人，Bは10人。同じ広さなら，人数が多いほうが混んでいる

 人数で（1つの量で）混み具合を比べられます

②面積も人数も異なる場合に，部屋Aと部屋Bではどちらが混んでいるように感じるか，その理由は何かを話し合う。
隠しているところを外して……。

 混んでいるのは，Aの部屋とBの部屋のどちらでしょうか？

🔑 **しかけ 02**
すぐに混み具合を比べさせるのではなく，「混んでいる」と感じる理由を考えさせる。
➡しこみ 02

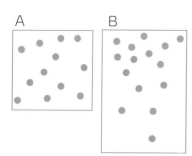

えっ，広さがちがう！

【Aが混んでいる派】
・広さが狭いからです
・すかすかのところがないからです
・全体的に広がっているからです

【Bが混んでいる派】
・人数が多いからです
・ぎゅっとかたまっているところがあるから混んでいるように見えます

人数と面積（2つの量）がわからないと，どっちが混んでいるかは決められません。

2つの量を比べるために，どちらの部屋も人をならしてみるといいと思います

③部屋A，部屋Bをならして，混み具合を比べる。

部屋Aは2畳，部屋Bは3畳です。

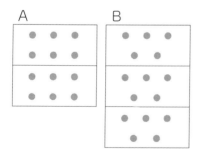

Aは2畳に12人，Bは3畳に15人
→広さを揃えると……A $12 ÷ 2 = 6$　1畳に6人
　　　　　　　　　 B $15 ÷ 3 = 5$　1畳に5人

面積を揃えると，どっちが混んでいるか決められる。

※人数を揃える考え方については次時のねらいとする。

しかけ03
理想化される前の状態（混んでいる部分があったり空いている部分あったりする状態）を示す。
→しこみ02

しこみ01
目隠しを外す前後を振り返り，何が共通していて何が違うのか整理し，混み具合を比べるために必要な2量を見つけようとする子どもの姿を価値付ける。

しこみ02
数で整理するだけでなく，12÷2や15÷3などの計算の意味を図でも表現しようとする姿を価値付ける。

混んでいるのはどっち？[単位量あたりの大きさ]

4 板書計画

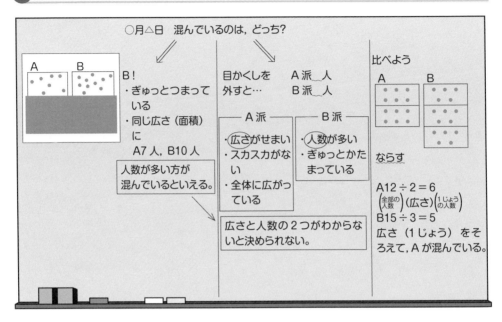

5 「しかけ」と「しこみ」

しかけ01

■本時は,「単位量あたりの大きさ」単元の後半,平均の学習を終えた後の混み具合第1時として行う。子どもたちが初めて混み具合に出会う場面である。

■はじめに,人数という1つの量だけで混み具合を比べられるような単純な場面について考えさせる。いきなり2つの量が異なる場面について考える場合に比べて,混み具合に関係するものを自分で考えることが容易である。このように授業のはじめでは,子どもたち全員のスタートラインを揃えたい。また,はじめに「人数で混み具合を比べられる」と共通の結論を出しておくことで,次の場面との違いを明確にすることができる。

しかけ02

■大人にとって,「混んでいる」という意味を理解したり説明したりすることは難しいことではない。しかし,子どもにとっては「混んでいる」ということ自体がよくわからない。日頃通勤ラッシュや帰宅ラッシュの電車に乗らず,公園や校庭をのびのびと走り回る放課後を過ごす子どもにとっては,そもそもたいていの日常場面は「混んでいない」のである。混み具合を比べる前に,「混んでいる」とは何なのかという土台を揃える必要がある。そこで本実践では,すぐに混み具合を比べさせるのではなく「混んでいる」と感じる理由を考えさせる。「たぶんこっちが混んでいる」という抽象的な感覚を,数や量の大小など具体的な表現で話させ,「混んでいる」とは何なのか共通理解ができる

ようにする。

🔑 しかけ 03

■混み具合と平均が同一単元にあることからもわかるように，混み具合は平均の考えを前提としている。現実場面において，部屋や公園の中に均等に人が散らばっていることなどほとんどなく，人が集まっている部分もあれば，ほとんど人のいない部分もある。それを，ある区域（部屋，公園など）の混み具合として見る場合に，均等に散らばっていたとすると……と，ならして見ている。ところが，一般的に教科書等で扱われている問題場面は，すでにほぼならされた状態のものがほとんどである。中には少しずらして「ならす」必要のあるものもあるが，そのような微調整ではなく，子どもの感覚からしてもはっきり「混んでいる」「空いている」とばらつきを感じられるような場面を用いて混み具合（単位量あたりの大きさ）が平均の考えとつながっていることを捉えさせたい。

🔧 しこみ 01

■授業の流れ②のように目隠しを外していったとき，その変化に気づき，「えっ……」「○○がちがう」などとつぶやく子どもがいる。そのとき，目隠しを外す前後を振り返り，何が共通していて何が違うのか整理しようとする子どもの姿を価値付け，全体で共通点や相違点をあげていく。すると，問題そのものについてだけでなく，「混み具合の比べ方」という解決の仕方についても振り返ることにつながる。

🔧 しこみ 02

■混み具合を数で整理するだけでなく，12÷2や15÷3などの計算の意味を図でも表現させる。そうすることによって，1あたりを求めているのだということが視覚的に明確にわかる。この考え方は，割合とグラフの学習にもつながっていく。

■また，式だけで解決するのではなく，式と図を行き来しながら解決していく態度は，どの単元の学習においても数学的な態度として大切にしていきたいものである。

6 本実践と次時以降のつながり

🔧 **しこみ 01** ･･････････▶
■混み具合には2量が関係しているという見方

🔧 **しこみ 02** ･･････････▶
■1あたりを求める考え方
■図と式を行き来する態度

関連する主な単元
5年生 割合とグラフ

5年 トイレットペーパーを結ぶひもの長さは？ ［正多角形と円］

❶ 本時のねらい

円周にあたる部分を見つけ，その長さを求める活動を通して，円周に関する理解をより深める。

❷ 本時の目指す算数好きの姿

①並べ方を変えたらどうなるかな。
②円周にあたる部分がわかれば，校庭のトラックの長さも求められそう。

❸ 授業の流れ

①3つのトイレットペーパーの並べ方を考え，かかるひもの長さが同じかどうかという問題場面をつかむ。

トイレットペーパー3個をひもで結ぶときにどのように並べて結ぶかを問う。

ひもがどのようにかかるかを図示させ，全体でひものかかり方を共有する。

ひもの長さが違うという発言から，「トイレットペーパーの並べ方によってひもの長さは変わるのか」という問題を設定する。

🔑 しかけ 01

トイレットペーパー3個のときの並び方を考え，それぞれのひもの長さに着目させることで，意見のずれを生む。
➡しこみ01

②条件の不足を指摘し，解決方法の見通しをもつ。

> **しかけ02**
> 条件不足の問題提示により，トイレットペーパーの直径の長さなどの必要な条件を子どもから引き出す。
> →しこみ101

> **しこみ01**
> トイレットペーパーの直径を知りたいといった，問題に積極的にかかわり，必要な情報を得ようとする態度を価値付ける。

③図と式を結び付けて説明し，円周と直径にあたる部分を考える。

> どちらも円周1つ分は同じなので，円周は求めなくてもよいことがわかりました

④学習を振り返り，条件を変えた新たな問題を追究する。

> **しかけ03**
> 3個から扱うことで，店頭で売られているような4個の並び方だったらどうかという考えを引き出す。
> →しこみ02

> **しこみ02**
> トイレットペーパーの個数や並べ方を変えて調べようとする態度を価値付ける。

トイレットペーパーを結ぶひもの長さは？［正多角形と円］

❹ 板書計画

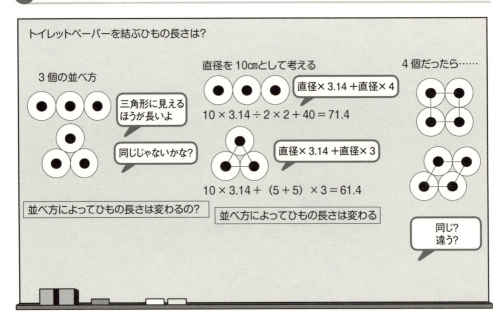

❺ 「しかけ」と「しこみ」

🔑 しかけ01

■本単元は，円周の長さを求める活動を終えていれば扱うことのできる題材である。3つから始めると，一直線に並べるか，三角形に並べるかの2通りが考えられる。その際に，どのようにひもがかかるのかを黒板に書き込ませる。すると，子どもたちはひもの長さに着目し始める。「どちらも3個を結ぶのだから同じだよ！」「一直線に並んだほうが長いよ」と，それぞれ考えに違いがあることが明らかになるのである。そのずれが問題となるのである。

■問題場面で考え方の違いが生まれなかったり，活発に意見が出なかったりしたら……教師が「どちらも3個を結んでいるのだから，ひもの長さは同じだ」という立場を取り，子どもの考えを揺さぶっていくとよい。

🔑 しかけ02

■問題を提示した際や問題に取り組ませる前に，子どもたちから「このままではわかりません」「直径の長さはいくつですか」など，条件を明らかにしてほしいという質問が出てくることが考えられる。必要だと考える情報に自ら目を向けることには価値がある。ただし，この問題では，直径がわからなくても長短の判断はできる。最終的にそのことに気づくための伏線でもある

■学級の実態によっては，直径が知りたいという質問に対して，10cmとして考えようとしたときに，どこの部分が10cmにあたるのかを図に書き入れさせることで，考えのヒ

ントとなるようにすればよい。

🔑 しかけ 03

■ はじめの問題提示では3個のときを考えている。しかし，一般的にトイレットペーパーが売られている状態は，4個を正方形のように並べた状態である。この問題では特殊な状況から入ることで，子どもから「4個だったらどうか」という問いを引き出しやすくしている。

■ また，4個を追究していく際には，当然3個のときの考え方がヒントとなる。平行四辺形のように並んだ状態を考えるときには，3個が正三角形のように並んだ考えを使うことができる。個人での解決を保障するためにも，3個から取り扱うほうがよいというわけである。

🔧 しこみ 01

■「しかけ02」でもふれたが，この問題に出会ったときに条件が不足していると指摘する子どもが現れる。問題にかかわろうとする態度の現れである。ただし，この問題では，どちらのほうがひもの長さが長いのかという問題なので，実際には数値を与えなくても解くことができる。そのような質問が出た場合には，必要な情報を検討しようとしているので，積極的に価値付けていく。図形のどの部分が必要な情報かを考えようとする態度は6年の「拡大図や縮図」「円の面積」などにつながっていく。

🔧 しこみ 02

■ 問題の条件を変えて，4個のときはどうかといった問題を追究することは，数値や条件を変えて発展的に調べようとする態度を育てることにつながる。また，4個の追究で終わりではなく，本時の学習を振り返らせることで，さらに個数を増やして一般化しようとする態度を価値付けたい。また，日常の場面で校庭のトラックの長さを考えようとするような態度も価値付けていく。

❻ 本実践と次時以降のつながり

🔧 **しこみ 01** ･･･････････････▶　関連する主な単元
　■条件を明らかにしようとする態度　　**6年生** 円の面積／拡大図と縮図

🔧 **しこみ 02** ･･･････････････▶　関連する主な単元
　■発展的に考える態度　　　　　　　　**6年生** 円の面積
　■日常に結び付ける態度

5年 あの面をずらせば……
[角柱と円柱]

1 本時のねらい

底面や側面の数や形，つながりに注目して，角柱の展開図をかいたり，読み取ったりすることができる。

2 本時の目指す算数好きの姿

①他にどんな展開図があるのかな。
②あの面をずらせば，他の展開図ができそうだ。

3 授業の流れ

①切り開いた形を観察して展開図をかき，三角柱を作る。

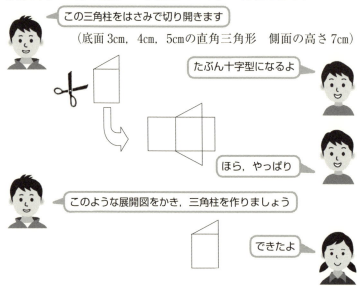

②再度切り開き，三角柱の展開図を考える。

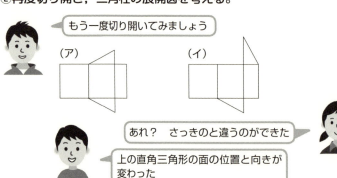

しかけ 01
5つの面のパーツをテープでくっつけた，底面 3cm，4cm，5cm の直角三角形と側面の高さ 7cm の三角柱を作っておく。決して展開図からは作らない。
➡しこみ 02

しかけ 02
最初の三角柱は教師が切り開き，必ず十字型を示す。
➡しこみ 01

しかけ 03
教師が提示した同様の展開図の形から，5つのパーツを組み合わせて三角柱を作るように指示する。
➡しこみ 01，02

しかけ 04A
教師が，必ず（イ）の形になるように切り開く。そして，（ア）と比べて，どこが変わったのかと問う。
➡しこみ 01

③面と面のつながりや平行・垂直関係を考え，他の展開図を連想する。

他に，1つの面を動かしてできる展開図はどのようなものか，考えてみましょう

（例）

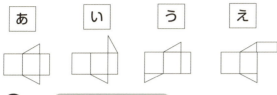

この面をずらして……
この面を切って，あそこに貼り付ければ……

一面を切って，移動させ，くっつけるという作業をしながら，他の展開図を作っていく。

ぼくは，こう考えたよ

あれ？ 私が考えていたのと違うよ。ほら
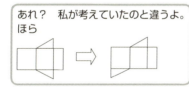

本当だ。だったら……

④発表された展開図から連想される展開図を工作用紙にかき，三角柱を作る。

三角柱ができる展開図は，これで全部ですね

いいえ，まだあります

では，い，う，えに続く展開図を考えて，三角柱を作ってみましょう

しかけ 04B
一面が動いたことに注目させることで，一面を動かしてできる展開図を考えることに焦点化する。
➡しこみ 01

しこみ 01
次にできる展開図を予想する態度を価値付ける。

しかけ 05
イメージができない子どもには，自由に分解したり組み立てたりさせる。また，展開図はノートにフリーハンドでかかせてもよい。
➡しこみ 02

しこみ 02
いくつかの展開図を観察し，切り開いた形の1つの面を切って移動させている行為やつぶやきを価値付ける。

しこみ 03
次にできる展開図を予想する態度を価値付ける。

しかけ 06
発表された展開図の次に連想できる展開図を考えさえる。
➡しこみ 02，03

4 板書計画

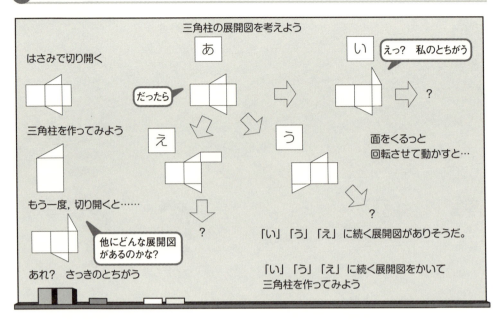

5 「しかけ」と「しこみ」

しかけ01
■5つの面のパーツをテープでくっつけた，底面3cm，4cm，5cmの直角三角形と側面の高さ7cmの三角柱を作っておく。底面を直角三角形にすることで，面の向きや位置を意識できるようにする。なお，最初に提示する三角柱は，決して展開図からは作らない。これは，子どもに「なんだ，先生はどんな展開図になるか知っているのか」と思わせないためであり，また，その後の一面を動かしてできる展開図を考えるときの作業をしやすくするためでもある。

しかけ02
■教師がまず切り開き，一番典型的な十字型を示す。イメージしていたのと同じ形ができると思わせることによって，その後の多様な展開図への興味や疑問を引き出す。

しかけ03
■三角柱の5つのパーツとテープを用意しておく。全員が作業できるようにするとともに，この作業を通して辺と辺のつながりや面と面の関係を体験的に理解させる。

しかけ04
■必ず（イ）の形になるように教師が切り開くことで，子どもは（ア）の形との違いに着目する。この反応から，「一面を動かすと，他にどのような展開図ができるか」という焦点化した問題につなげる。

🔑 しかけ 05

■自由に分解したり組み立てたりする活動が，子どもの平面図形と立体図形のつながりや，立体図形を面と面のつながり，面と面の垂直・平行関係に着目して考えることにつながる。十分に体験させたい。

■また，面を移動させるときには，移動する面が回転することにも注目させる。作図が苦手な子どもには，フリーハンドでかいてもよいと知らせる。

■新しくできた展開図は，パーツを用意しておき黒板に貼り，記録として残す。ちなみに，この段階で展開図をすべて出す必要はないが，子どもたちの「全種類見つけたい」という思いは大切にする。

🔑 しかけ 06

■発表された展開図の次に連想できる展開図を考えさせる。そうすることで，学習の終末に，一人ひとりが今までの学習を振り返り，面のつながりや平行・垂直関係を意識して三角柱を考えることができるようにする。

🔧 しこみ 01

■具体的な操作から偶発的に発見するのではなく，いくつかの展開図を観察したり操作したりしながら，条件を整理して展開図の作り方のきまりを考えようとする態度を価値付ける。

🔧 しこみ 02

■根拠をもって類推することは価値ある態度である。子どもが切り開いた形の一つの面が，次にどこへ移動するのかを予想していた場合は，大いに価値付けたい。

🔧 しこみ 03

■課題を発展させることは，大切な考える態度である。子ども自身が，「だったら，次の展開図は……」と考え始めるつぶやきやしぐさを見逃さず，価値付ける。

❻ 本実践と次時以降のつながり

🔧 **しこみ 01** ……………▶
　■条件を整理して考察する態度

関連する主な単元
6年生 場合の数
中学生 平面図形／空間図形

🔧 **しこみ 02** ……………▶
　■類推する態度

関連する主な単元
6年生 角柱と円柱の体積
中学生 平面図形／空間図形

6年 あと2文字をぬるためには？ [分数のかけ算]

1 本時のねらい

分数をかけることの意味を考え，「（分数）×（分数）」の式を立てる。また，その計算の仕方を考える。

2 本時の目指す算数好きの姿

① $\frac{4}{5} \div 3 \times 2$ で答えは出たけど，もっときれいに他のやり方もできないかな？

② $\frac{4}{5} \div 3 \times 2$ と $\frac{4}{5} \times \frac{2}{3}$ は同じことかな？

③「お」「め」「で」に必要なペンキの量と，「と」「う」に必要なペンキの量。1文字あたりのペンキの量は，同じと見てよいのかな？

3 授業の流れ

①すでに「☆」マーク3つが塗ってあるとき，さらに「☆」マーク2つを塗るために必要な絵の具の量を求める。

「☆」のマーク5つに色をぬります。$\frac{4}{9}$ dLの絵の具を用意したら，3つぬることができました。残りの2つをぬるために，できるだけちょうどの量の絵の具を用意したいと思います。あと何dL用意したらよいでしょうか？

しかけ 01

5つとも同じマーク（面積）のものをはじめに扱う。
➡しこみ 03

$\frac{4}{9} \div 3 \times 2 = \frac{4}{27} \times 2 = \frac{8}{27}$ です。

（分数）×（分数）で表すと……$\frac{4}{9} \times \frac{2}{3} = \frac{8}{27}$ ということもできます。

$\times \frac{2}{3}$ってどういうことだろう？
$\div 3 \times 2$ ならわかるけど……

しかけ 02

「☆☆☆」と「☆☆」をつなげて横に提示するのではなく，左端を揃えて縦に並べて提示する。また，1文字ずつ紙の区切れ目を入れる。
➡しこみ 02

② $\frac{4}{9} \div 3 \times 2$ と $\frac{4}{9} \times \frac{2}{3}$ の2つの式は同じ意味か，分数のかけ算の意味に立ち返って考える。

数直線で表すとわかりそうです

分数$\frac{2}{3}$というのは，「3つに等しく分けたうちの2つ分」ということだから，「3つに分けた」が「÷3」，「2つ分」が「×2」ということになると思います。

③すでに「おめで」が塗ってあるとき，「とう」を塗るには，あとどのくらい絵の具が必要か考える。

「おめでとう」の看板を作るために，文字に色を塗ります。$\frac{4}{5}$ dL の絵の具を用意したら，「おめで」まで塗ることができました。
残りの「とう」を塗るために，できるだけちょうどの量の絵の具を用意したいと思います。あと何 dL 用意したらよいでしょうか？

簡単！ さっきと同じように，$\frac{4}{5} \div 3 \times 2$ という計算で求められます。
同じように$\frac{4}{5} \times \frac{2}{3}$でも求められます。
答えは，$\frac{8}{15}$ dL です

「と」や「う」は，「お」「め」「で」それぞれに使う絵の具の量よりも少なくて済みそう。
同じ1文字分，つまり同じ絵の具の量と考えていいのかな？

④$\frac{4}{5} \times \frac{2}{3}$という式の中の「$\frac{2}{3}$」を自分で決めた別の数（分数）にして答えを求める。

きっと，さっき計算した$\frac{2}{3}$よりは小さいはずだ。$\frac{2}{3} = \frac{4}{6} = \frac{6}{9}$だから，$\frac{3}{6}$や$\frac{5}{9}$として計算してみよう

・$\frac{4}{5} \times \frac{5}{9} = \frac{4}{9}$

$\frac{8}{15} = \frac{24}{45}$, $\frac{4}{9} = \frac{20}{45}$
$\frac{4}{45}$ dL の差は，それほど大きくはないね

しこみ 01
「÷3×2」が出るような場面にすることで，×$\frac{2}{3}$の計算の意味や計算の仕方を振り返ることができるようにする。

しこみ 02
「おめで」の3文字がすでに塗られていて，「とう」の2文字をこれから塗る，という文字数をあえて教師が示さないようにする。

しこみ 03
すでに塗ってある3文字とこれから塗る2文字とで，画数（塗る面積）に差が出るようにする。「異なるものを同じとして概算する」考え方や，「本当にそれでよいのかと前提を疑う」見方の両方を，それぞれ価値付ける。

しこみ 04
塗る面積をより正確に求めようとする子どもの姿を価値付ける。この後の「曲線のある形の面積」の学習への布石とする。

❹ 板書計画

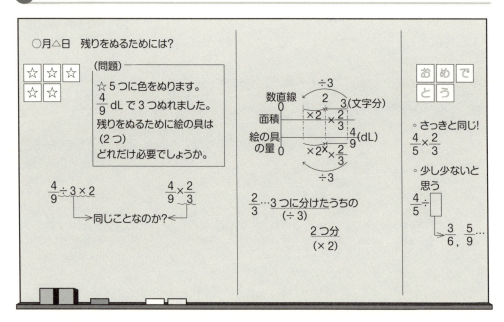

❺ 「しかけ」と「しこみ」

🔑 しかけ01

■本時は，単元終わりの発展として位置付けている。「分数のかけ算」の学習を一通り終えている子どもたちにとって，5つとも同じマーク（面積）のものについて考えることは，既習内容であり難しくない。このような問題をはじめに扱うことで，「全員が解ける（または友達の考えを聞いて理解できる）」という授業のスタートラインが揃う。スタートラインが揃うことによって，後半の「おめでとう」の問題について，「☆☆☆☆☆」と同じように考えてよいのか，工夫しなければいけないのか，共通の視点をもって解決に臨むことができる。

🔑 しかけ02

■「おめでとう」の看板を作るためには，横並びで左下のように示すのが自然である。しかし，このままでは，「おめで」と「とう」を比較して解決していくという本時のねらいに迫ることが難しい。

■「おめで」と「とう」をつなげて横に提示するのではなく，左端を揃えて縦に並べ，「おめで」と「とう」を分けて提示する。また，1文字ずつ紙の区切れ目を入れる。このように提示の仕方を工夫することで，「おめで」を1と見て，それに対する「とう」

の割合を考えようとする子どもの見方を引き出す。

🛠 しこみ01

■問題文には，「$\frac{2}{3}$」という数が直接含まれているわけではない。2や3を見いだし，それらを用いて「÷3×2」と見ることも，「×$\frac{2}{3}$」と見ることもできる。このように「÷3×2」と「×$\frac{2}{3}$」の両方が出るような場面にすることで，単元はじめの学習を振り返り，「×$\frac{2}{3}$」の計算の意味や計算の仕方をもう一度考えることができるようにする。

🛠 しこみ02

■ある問題に対して式を立てて解決しようとするとき，演算決定をし，確かな根拠なく問題文に出てくる数を並べて立式する子どももいる。問題場面を具体的にイメージできなくても，なんとなく立式ができることもある。そこで，あえて文字数を示さないことによって，「あれ？ 数が$\frac{4}{5}$dLしか見当たらない……どういう場面なんだろう？」と，子どもたちが積極的に問題にかかわろうとする態度を引き出していく。

🛠 しこみ03，04

■5つの文字や記号に絵の具を塗る問題では，具体的にその文字や記号を何にするかは多様に考えられる。例えば，本時はじめに扱う「☆☆☆☆☆」のような問題（①）では，どの記号をとっても1つあたりに必要な絵の具の量が等しいことは，明らかである。また「あいうえお」のような問題（②）では，文字一つひとつは異なるが，「あいう」3文字と「えお」2文字を比べたとき，1文字あたりに必要な絵の具の量にはあまり差がないように感じられる。そして本時後半で扱う「おめでとう」のような問題（③）では，「おめで」のほうは1文字あたりに必要な絵の具の量が多く，「とう」のほうは少ないように感じられる。③のような問題を扱うことで，「異なるものを同じとして概算する」考え方や，「本当にそれでよいのかと前提を疑う」考え方の両方を子どもから引き出していく。

❻ 本実践と次時以降のつながり

🛠 しこみ01
■文章で示されたこと以外にも，自分から問題場面を探ろうとする態度

関連する主な単元
6年生 分数のわり算

🛠 しこみ02
■理想化する考え方
■前提を疑う態度

関連する主な単元
6年生 分数のわり算
6年生 資料の調べ方

🛠 しこみ03，04
■基本図形でない平面図形の面積を求めようとする態度

関連する主な単元
6年生 曲線のある形の面積

6年 $\frac{4}{5} \div \frac{2}{5}$ は絶対2！［分数のわり算］

1 本時のねらい

同分母分数の「（分数）÷（分数）」の計算の仕方を，既習の計算方法や除法の性質をもとに考えることができる。

2 本時の目指す算数好きの姿

①分数×分数で，分母×分母，分子×分子を学習したから，分数のわり算も分母÷分母，分子÷分子でもできるかもしれない。
②通分すればいつでも使えるよ。

3 授業の流れ

① $\frac{4}{5} \div \frac{2}{5}$ の答えをかけ算から考える。

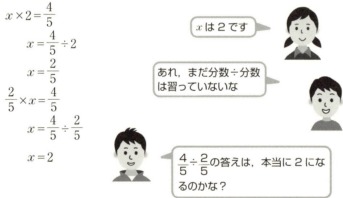

🔑 しかけ01

$\frac{4}{5} \div \frac{2}{5}$ の答えが2になることをわり算とかけ算の関係から確認する。分数÷分数は，初めて学習するが，答えが2になるはずだという考えを前提として，$\frac{4}{5} \div \frac{2}{5}$ が2になる理由を様々な方法で考えさせる。
➡しこみ01

② $\frac{4}{5} \div \frac{2}{5}$ の答えが本当に2になるか他の方法で確かめる。

ア　図で考える

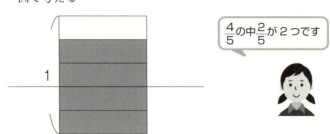

イ　小数で考える
$\frac{4}{5} \div \frac{2}{5} = 0.8 \div 0.4$
$= 2$

🔑 しかけ02

同分母で分母同士，分子同士がわれる数値で導入することで，分母÷分母，分子÷分子の考え方を引き出す。
➡しこみ02

🔧 しこみ01

アは，包含除の問題場面を振り返って図で考えたこと，
イは，既習の小数を振り返って考えたこと，

ウ $\frac{1}{5}$を単位として考える

$$\frac{4}{5} \div \frac{2}{5} = 4 \div 2$$
$$= 2$$

エ 分母÷分母，分子÷分子で考える

$$\frac{4}{5} \div \frac{2}{5} = \frac{4 \div 2}{5 \div 5}$$
$$= 2$$

分数のかけ算と同じように考えました

分母が同じだからできたと思います

分母÷分母，分子÷分子をしてもいいのかな？

③問題の条件（数）を変える。

$$\frac{4}{7} \div \frac{2}{7} = \frac{4 \div 2}{7 \div 7}$$
$$= 2$$

同じ分母ならできました

分母が違ったらできないと思います

$$\frac{4}{5} \div \frac{2}{3} = \frac{4 \times 3}{5 \times 3} \div \frac{2 \times 5}{3 \times 5}$$
$$= \frac{12 \div 10}{15 \div 15}$$
$$= 12 \div 10$$
$$= \frac{12}{10}$$
$$= \frac{6}{5}$$

分母が違っても通分すればできます

$\frac{6}{5}$で答えは合っているのかな？

$\frac{6}{5}$が答えになっているか，他の方法でも調べてみたいです

ウは，小数や分数で0.1や$\frac{1}{□}$を単位として学習したことを振り返って$\frac{1}{5}$を単位として考えたことを価値付ける。

🔧 しこみ 02

エは，分数のかけ算の学習を振り返って，分母÷分母，分子÷分子で考えたことを価値付ける。

🔑 しかけ 03

分母÷分母，分子÷分子の考えを価値付け，分数のわり算は「ひっくり返してかける」と知識として知っている子どもの考えを揺さぶり，分母が異なったらできないという考えを引き出す。
→しこみ03

🔧 しこみ 03

異分母分数のわり算も，分数のたし算，ひき算で学習した通分の方法を使えば，分母÷分母，分子÷分子で答えが出せるのではないかと考えたことを価値付ける。

4 板書計画

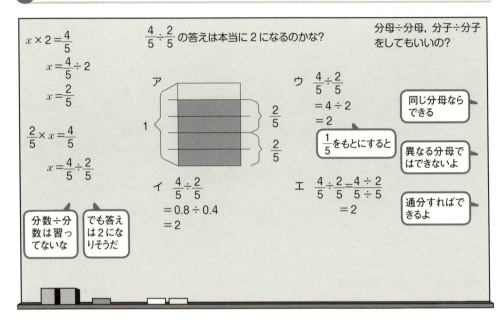

5 「しかけ」と「しこみ」

🔑 しかけ 01

■本時は，分数のわり算の1時間目に位置付けている。通常は問題場面から入るが，式のみの提示から入っている。それは，分数のわり算の学習を，計算のきまりや分数のたし算，ひき算，かけ算などこれまでの既習事項を活用して，式変形することに重点を置いているからである。さらに，問題場面から導入してまったく手がつかない子どもとスラスラと解いてしまう子どもの大きなずれが出てしまわないよう，$\frac{4}{5} \div \frac{2}{5} = 2$ になるはずだという全員が見通しをもった状態で，「～しても2だ！ だから絶対答えは2だ！」と言えるように設定している。2時間目で異分母分数同士のわり算の計算の仕方，3時間目で問題場面の意味理解を計画している。

🔑 しかけ 02

■$\frac{4}{5} \div \frac{2}{5}$ の同分母のわり算で導入することで，分母÷分母，分子÷分子の考えを引き出す。はじめは小数にも置き換えられる特殊な値で導入し，安心して取り組むことができるようにしている。

🔑 しかけ 03

■エの分母÷分母，分子÷分子の考えを価値付け，取り上げる。分数のわり算は，「ひっくり返してかける」と知識として覚えている子どもにとってみれば，意外な考えとなり，「そんなことをしてよいのか」と先行知識がない状態で考えることができる。さらに，分母÷分母，分子÷分子の考えを価値付けることで，「たまたま分母が同じだった

からできたんでしょ」と子どもから分母を変えて考えたくなるようにする。

🛠 しこみ 01
■$\frac{4}{5} \div \frac{2}{5}$の計算をこれまでの既習事項を活用して2になることを説明させ，価値付ける。包含除の問題場面と捉えて考えた子ども，小数に置き換えて考えた子ども，単位で考えた子どもは，「ひっくり返してかける」という分数のわり算の求め方を知った後，同分母のわり算の問題に出会ったとき，形式的に「ひっくり返してかける」ことはしない。この態度は，数値によって求め方を変えられるという姿である。一般化しようとする態度は言うまでもなく大切であるが，場面に応じて適切な方法を使い分けられる態度も大切である。

🛠 しこみ 02
■分数のかけ算で，分母同士，分子同士をかけたのだから，分数のわり算では，分母同士，分子同士でわってもできるのではないかと考えるのは，ごく自然な考え方である。しかし，子どもの実態によっては，6年生の学習は，先行知識が入っている子どもが多く，このようなごく自然な考え方をできないような環境になってしまうことがある。既習から「～もできるのではないか。やってみよう」と素朴に考えて計算してみるという態度を大切にしたい。

🛠 しこみ 03
■分数のわり算の学習を特別なものと捉えるのではなく，分数のかけ算，たし算やひき算と関連させることは大切なことである。同分母の分数では分母同士は「われる」が，異分母の分数同士では，そのままの数値では「われない」。だから「われるようにすればいい」と考え，同値分数をつくるなど1つの数値を他の表現にしたり，通分したりして式を自在に変形する態度を価値付ける。

6 本実践と次時以降のつながり

🛠 しこみ 01 ・・・・・・・・・・▶
■数値によって適切な方法で求めようとする態度

関連する主な単元
中学1年生 資料の分析と活用

🛠 しこみ 02 ・・・・・・・・・・▶
■分数のかけ算で学習した方法を分数のわり算で適用してみようとする態度

関連する主な単元
中学1年生 正負の数

🛠 しこみ 03 ・・・・・・・・・・▶
■式を自在に変形する態度

関連する主な単元
中学1年生 文字と式／方程式

6年 それじゃ違う味になっちゃう [比と比の値]

1 本時のねらい

比を既習の割合と関連付けて考える。

2 本時の目指す算数好きの姿

①同じ味にするには，コーヒー6カップにすればいい。なぜなら……。
②コーヒー5カップじゃ違う味になっちゃうよ。なぜなら……。

3 授業の流れ

①レシピと同じ味のカフェオレを作るには，牛乳を何カップにすればいいか考える。

> 牛乳多めのおいしいカフェオレのレシピ
> コーヒー2カップと牛乳3カップ！
> 　　

　このレシピと同じ味のカフェオレを作ります。コーヒーを2カップ（20mL）と牛乳を3カップ（30mL）で……

　あれ，ちょっと少ないな

　もう少し量を増やしましょう。コーヒーを2杯増やして，牛乳も2杯増やしてこれで，できあがり。

　同じ量を増やしたからOK

　えっ，それじゃあ違う味になっちゃうよ

　(2:3)　　A(4:5)　　B(4:6)

※（コーヒー牛乳）

　見た目じゃ，よくわからないな

　レシピと同じ味になるのは，コーヒー4カップのとき，牛乳は5カップかな？　それとも6カップかな？

🔑 **しかけ 01**
教師から牛乳5カップの考えを提示する。
➡しこみ02

🔑 **しかけ 02**
実際に，コーヒー：牛乳が2：3のものと4：5のもの，そして4：6のカフェオレを作る。
➡しこみ01

② 6カップで同じ味になる理由や5カップで違う味になる理由を話し合う。

【6カップで同じ味になる理由】

コーヒーの量を2倍にしたから，牛乳の量も2倍にすればいい
■■ □□□ ➡ ■■■■ □□□□□□

コーヒーに対する牛乳の割合が同じ
3÷2＝1.5　4×1.5＝6　（1.5倍）

コーヒーの濃さが同じ（濃さ40％）

2カップ分を1と見る

しかけ 03
コーヒーと牛乳を表した操作できる紙を用意し，説明で使わせる。
➡しこみ01

しこみ 01
既習事項を根拠にして説明する態度を価値付ける。

【5カップで違う味になる理由】

本当に5カップだと違う味になりますか？

2と3の組み合わせがつくれない
■■□□□　■■□□

違う配分になる
□□■■■　□□■■

牛乳を1カップにすると，コーヒーがなくなる

コーヒーが20カップのとき，牛乳は21カップで，コーヒーと牛乳が，だいたい半々になってしまう

どうやら，6カップが同じになりそうだ

しかけ 04
5カップで違う味になる理由を話し合わせる。
➡しこみ02

しこみ 02
仮定して矛盾点を考える態度を価値付ける。

③同じ味とは，何が同じになることなのかまとめる。

同じ味になるということは，何が同じになるのでしょうか。友達の考えも取り入れながら，ノートに書きまとめましょう

味が同じということは，コーヒーと牛乳の割合が同じということ。例えば……

コーヒーが20カップだったら……

4 板書計画

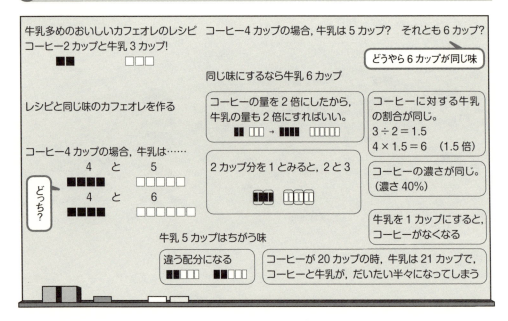

5 「しかけ」と「しこみ」

🔑 しかけ01

■ 「同じ」を考えるときには「ちがい」を考えることも大切である。そこで，割合が同じ場面だけを提示するのではなく，差が同じ場面も提示する。そうすることで，味が同じということはコーヒーと牛乳の割合が同じだと考える子どもの「それじゃあ違う味になる」という考えを引き出す。そして，その後の「同じ味になる根拠」と「違う味になる根拠」を考える活動につなげる。

🔑 しかけ02

■実物を見せることによって，見た目での判断は難しく，論理的に考えないと判断できないことを意識させる。

🔑 しかけ03

■比は子どもにとって身近な割合ではあるが，その意味を捉えたり説明したりすることは，子どもにとって難しい。そこで，本実践では，操作できる図や実物を積極的に用いることによって，比という新たな割合を視覚的にわかりやすく表現し，説明できるようにする。

■比で割合を表すよさは，どちらか一方を基準とするのではなく，簡単な整数の組を用いて表すことができるということである。1と見るもの，つまり，単位となる量を変える

ことにより，2量の関係が捉えやすくなるのである。そこで，本実践では，何を基準にして2量を捉えたのかということを，図や実物を操作させながら表現させ，論理的に説明できるようにすることもねらう。

🔍 しかけ 04
■ 差を同じにする考えと割合を同じにする考えを比較検討する際，「本当に違うと言えるの？」という発問をし，「割合が同じ」は「味が同じ」と言える理由だけではなく，「差が同じ」は「味が同じ」とは言えない理由も検討する。
■ このように教師が批判的な立場で問い返し，子どもに検討させることによって，差を同じにすることで生じる矛盾点を明確にするとともに，「味を同じにする」とは「割合を同じにする」と考えたほうが妥当であることを捉えさせる。

🔧 しこみ 01
■ 根拠をもって筋道立て考える態度は，大切である。本時で言えば，等しい2つの数量の組として表す割合（比）について，割合の考えを根拠にして考え，説明するということである。授業では，出された考えだけではなく，このような論理的に考えようとする態度も大いに価値付けたい。

🔧 しこみ 02
■ Aを証明するときに，not A を説明することや，自分で何かを仮定して説明することは，算数において大切な態度である。このような姿勢は，小学校の算数だけではなく，中学校数学の証明の学習にもつながる。

6 本実践と次時以降のつながり

🔧 **しこみ 01** ・・・・・・・・・・・・・・・▶
　■ 既習事項や既習経験をもとに考える態度

関連する主な単元
6年生 比例・反比例
中学校 平面図形（証明問題）

🔧 **しこみ 02** ・・・・・・・・・・・・・・・▶
　■ 仮定して，矛盾点を考えようとする態度

関連する主な単元
6年生 拡大図と縮図
中学校 平面図形（証明問題）

6年 比例の関係かな？ [比例と反比例]

1 本時のねらい

変化の割合の変わる2量の関係を調べ、式にしたりグラフに表したりすることで、比例の理解を深める。

2 本時の目指す算数好きの姿

①グラフに表すと変化がわかりやすい。
②他の場面でも変化の仕方が変わることを式やグラフに表したい。

3 授業の流れ

①変化する2量を捉える。

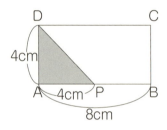 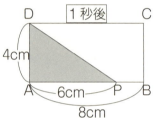

🔑 **しかけ 01**
時間が経つと三角形の面積が変わることを全員が捉えられるようにする。
➡しこみ01

点Pが1秒で2cm動いています

辺APが増えているから、面積も増えています

②面積が時間と共にどのように変わるか調べる。

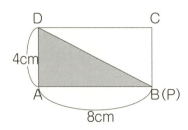

🔑 **しかけ 02**
比例していることを捉えられるように、それぞれの時間の面積を短冊に書き、表にまとめる。
➡しこみ01

1秒で2cm動くので、点Pが点Bまで動いたときは、8×4÷2で16c㎡になります

式にすると、$y = 4 \times x$ になります

③点をさらに動かして，面積の変化を調べる。

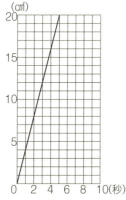

このグラフでいいのかな？

このグラフだと，点Pは長方形の辺を外れて移動することになります。比例ではなくなります

点Pが辺BCを動いていくとすると

今度は，底辺を辺DAとして，高さが変わらないから，面積は16㎠のままになります

もっと動かすと今度は減ると思います

点Bまで移動するときとは逆に，4㎠ずつ減っていきます

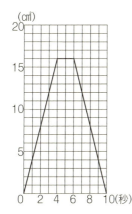

最初は比例していたけど，点Bを越えると，比例ではなくなります。正しいグラフは……

④グラフを見て，他の場面を考える。
・1分間に3L貯まる水槽の時間とかさで，途中で入水を止めたもの。
・家から学校まで行って帰って来るまでの，家と自分の距離と時間の関係

しかけ03
比例の関係を押さえた後で，面積が比例して増え続けるグラフを提示し，さらに点Pを動かす考えを引き出す。
➡しこみ01，02

しこみ01
問題の場面を振り返り，次の答えを見つけようとする姿を価値付ける。

しこみ02
自分で問題をつくる場面で，個々の子どもの考えた比例関係を整理して価値付ける。

4 板書計画

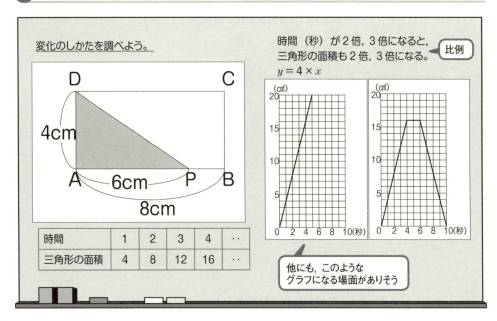

5 「しかけ」と「しこみ」

🔑 しかけ 01

■ ICT を活用し，点 P が 2 秒だけ動く場面を提示した。「点 P が動いている」と子どもが反応した。当たり前のことではあるが，この変化のちがいを全員に体験させることが，偶然の子どもの姿を期待するのではなく，必然の姿を生む手立ての一つとなる。また，ここでは，変わっていくこととして，面積と時間を捉えた。また，点 P が長方形の辺を動いていることも押さえた。これは，「点 B を越えるとどうなるか」という考えを引き出すためのしかけになる。

■ はじめから 1 秒までの場面について見せないことは，子どもが自ら帰納的に考えたり，後で表に表すときに，1 を考えると関係に気づきやすいことを捉えさせたりすることを意図している。

🔑 しかけ 02

■ 面積の変化を調べる際に，1 秒ずつ面積を求めることで表にまとめ，その変化を捉えさせることで，2 量が比例の関係にあることを自ら捉えられるようにした。

■ 本時は，比例を学習した後の，比例していない 2 量の変化の考察を通して，比例の理解を深めることがねらいの時間である。ここで比例しているかどうか判断することは，点 P が点 B を越えた後に比例しているかどうかを自ら考えようとする態度を引き出すことにつながった。

🔑 しかけ03

■面積と時間が比例していることを表すグラフを提示した。4秒後も比例しているグラフを見せることで,「あれ？」「ずっと増え続けるのかな」「辺を動いているなら,点Cに向かう」と,子ども自ら時間を経過させ,点Pを動かす発言を引き出した。ここで,考えのずれが生じない場合は,図とグラフを対応させながら6秒後の面積を問うことで,点Pは辺を動いていることや面積の増え方が変わることに気づけるようにする。

■表で捉えた比例の関係を振り返り,「これは比例していない」「yはいつも16」や「今度は4㎠ずつ減っているから,比例のようだけど,比例ではない」という考えを引き出した。

🔧 しこみ01

■問題を振り返る態度は,これからの学習でも,既習を生かして新たな問題を解く一つの方法になる。本時では,点Pが移動していく様子から,「このグラフは辺を外れている」や「1秒に2cmずつ動くから」などと振り返りながら,自分の考えの根拠を述べる姿を価値付ける。もし,「4ずつ増えている」という言葉だけが表現された場合には,「何が4ずつなのかな」と問い返し,発言した子どもだけではなく,全員でそのきまりを見つけていく。この態度は,すべての学習につながるが,この単元だけでなく数学の学習で大きく働くこととなる。

🔧 しこみ02

■これまでの学習や生活の場面から問題をつくる活動は,発展的に考える力や一般化しようとする態度を育てることとなる。また,問題の場面を考える経験は,与えられた問題を解くだけではなく,自ら問題にかかわろうとする態度を育てられる。この態度は,いくつかの事例を自ら試し,いつでも当てはまることなのかと考えたり,日常の生活に算数を生かしたりする態度にもつながる。

❻ 本実践と次時以降のつながり

🔧 **しこみ01** ・・・・・・・・・・・・・・▶
■変化を見ようとする態度
■一般化しようとする態度

関連する主な単元
中学1年生 比例と反比例
中学2年生 一次関数
中学3年生 関数

🔧 **しこみ02** ・・・・・・・・・・・・・・▶
■一般化しようとする態度
■発展的に考える態度

関連する主な単元
中学1年生 比例と反比例
中学2年生 一次関数
中学3年生 関数

6年 どんな3段アイス？ [場合の数]

1 本時のねらい

順列について，落ちや重なりのないように調べる方法を考え，その方法を理解する。

2 本時の目指す算数好きの姿

①同じ種類のものを2回以上選んだり，順番がちがうだけの3段アイスもちがう3段アイスと見なしたりしてもいいのかな？
②4段アイスだったり，同じものを選んでよかったりしたらどうなるのかな？

3 授業の流れ

①問題場面を理解する。

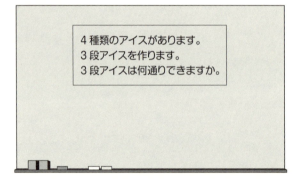

> しかけ 01
>
> 段数や乗せ方，種類，数等，様々な条件を変えやすいアイスという発展性のある教材を設定する。
> ➡しこみ 02

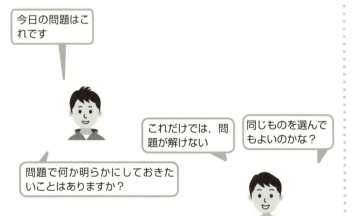

> しかけ 02
>
> 「4種類のアイスがある」「3段アイスを作る」以外の条件をあえて提示しないことで，子どもから「それだけではできない」という言葉を引き出し，子どもと共に条件を確認していく。
> ➡しこみ 01

②問題の条件を明確にする。

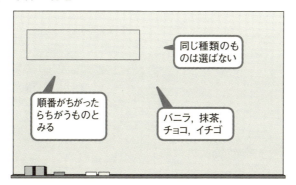

順番は関係ありますか？

同じものを選んでもよいですか？

しこみ 01
「同じアイスを選んでもよいですか」「アイスを乗せる順番は関係ありますか」等，問題にかかわって条件を明確にしようとする態度を価値付ける。

しかけ 03
「同じ種類のアイスは選ばない」「順番がちがったらちがうものと見る」等，明確にした条件を吹き出しにする等して板書する。
→しこみ 02

③求め方を発表し，比較・検討する。

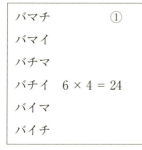 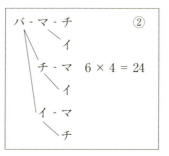

①の方法はすべて書き出しているからまちがいが少ないです。
②の方法は簡単に書けます

④新しい問題をつくる。

今日の問題は解けましたね。次はどんなことを調べてみたいですか？

順番がちがうだけなら一緒と見なせばどうなるだろう？

同じ種類を選んでよければどうなるだろう？

4種類ではなく，5種類から3つ選ぶときはどうなるだろう？

しこみ 02
（しかけ01,03と対）
板書などからはじめの問題設定を振り返り，「同じ種類のアイスを選んでよければどうか」「順番がちがうだけなら一緒の種類としたらどうか」等，条件を変えて新しい問題を生み出そうとする態度を価値付ける。

4 板書計画

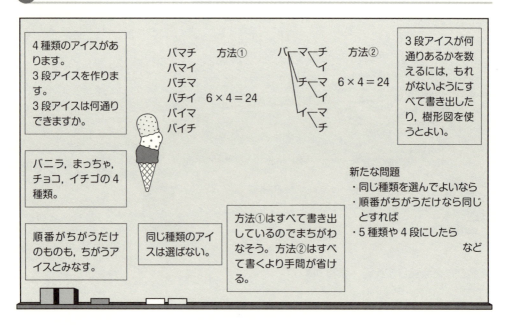

5 「しかけ」と「しこみ」

しかけ01

■アイスという教材は，もとのアイスの種類から段数，同じものを選ぶ・選ばない等，様々な観点で条件を設定できる。様々な観点で条件を設定できるからこそ，条件を変えたらどうなるのだろうかという新しい問題が多く生まれる。

■サッカーのチームが4チームあり，総当たり戦を行うときの試合数を求める問題の場合，1度に3チームが対戦したり，A対A等の試合をしたりは考えられないため，限られた条件しかないため，発展性がなくなってしまう。条件が少ないほうが考えやすいという利点ももちろんあるが，新しい問題を生み出そうという態度を育てるのであれば，様々な観点に着目できる教材がよい。

■本教材は並べ方の導入，または，並び方から組み合わせ方の接続として行うことを意図している。はじめはアイスの順番がちがったらちがうものと見なして問題解決を行う。その後，新しい問題として順番がちがうだけであれば同じものと見なしたらどうかという問題を扱えば，1つの教材で，並べ方と組み合わせ方のちがいを明確にしつつ，授業を行うことができる。

しかけ02

■「4種類のアイスは何か」「同じ種類を選んでもよいか」「乗せる順番は関係あるか」等，問題を考える際に，必要な条件をあえて提示せずに問題を出す。そうすることで，子ど

もから問題にかかわる機会をしかける。また，子どもと共に問題場面を想像しながら，条件を明確にしていくことで，問題把握が確実となる。
■本実践では，「同じ種類を選んではいけない」「順番がちがったらちがうものと見なす」としているが，扱う時間や実態に合わせて教師が設定するとよい。

🔑 しかけ03
■子どもと共に明確にした条件は，問題文に付け加える形で板書しておくことで，問題を構成する重要な条件が視覚的にわかりやすくなる。特にどう新しい問題をつくり出せばよいかわからない子どもにとっての手立てとなる。

🔧 しこみ01
■与えられた問題をただ解く子どもにはしたくない。「問題文には必要な条件がすべて書いてあり，その数値を使って四則演算すればよい」という誤解を生むと，実際の現実場面に即していない答えを導いてしまったり，そもそも問題場面すら想像せず，数値の操作のみをしたりするような子どもになってしまう。アイスの場合，実際の場面を想像して，「同じものを3段食べたいときもあるな。同じものを頼んでもいいのかな」と問題にかかわって条件を明確にする姿を価値付けることで，具体的な場面を想像し，条件に着目して問題解決をする態度が育まれる。

🔧 しこみ02
■1つの問題を解決して満足するのではなく，1問目の問題解決を振り返り，「同じものを選んでもよければどうだろうか」等と，条件を変えると答えがどう変わるか調べようとしたり，「樹形図は別の条件に変わると使いづらいのではないか」等と，条件が変わると最適な求め方はどうなるか調べようとしたりする姿を価値付けることで，問題発見の能力や態度が育まれる。
■1問目から生み出された問題を解くことで，1問目の知識・技能の定着や深まりも期待できる。

❻ 本実践と次時以降のつながり

🔧 **しこみ01** ・・・・・・・・・・➤
　■問題にかかわり，条件を明確にしようとする態度

関連する主な単元
6年生 資料の整理
中学3年生 確率

🔧 **しこみ02** ・・・・・・・・・・➤
　■新しい問題を生み出そうとする態度

関連する主な単元
6年生 資料の整理
中学1年生 比例・反比例

6年 公平と言えるかな？
[資料の調べ方]

1 本時のねらい

資料の特徴を調べるときに，散らばりの様子を調べる必要性について考え，個々のものにはなかったその集団としての特徴や全体的な傾向を捉える。

2 本時の目指す算数好きの姿

①公平に分けたと言えるのかな。
②もっと公平に分けてみよう。

3 授業の流れ

①問題場面を把握し，データを観察する。

問題：ソフトボール投げの記録をもとにドッジボールのチームを分けました。これでいいでしょうか。

ソフトボール投げの記録
Aチーム…26　24　32　31　28　28　30　32　30　29　29　29
Bチーム…42　20　41　38　35　35　22　22　23　25　22　23

Bチームのほうが記録がいい人が多いから，強いんじゃないかな？

人数は同じだけど，記録を見てみると公平じゃなさそう。調べてみないとわからないな

🔑 **しかけ 01**
公平かどうかを考えさせる。
➡しこみ 03

🔑 **しかけ 02**
データの個数と投げた距離の合計が等しくなる場面を提示する。
➡しこみ 01

🔑 **しかけ 03**
AチームとBチームの記録は色別のカードで提示する。
➡しこみ 02

②データを整理して比べ，集団の特徴を考える。

記録の合計（平均）は同じだ

一番いい記録と一番悪い記録の差で比べると……

人数が一番多い記録は……

平均以上の人数で比べると……

🔧 **しこみ 01**
前時に，資料を調べるときの代表値としての平均を指導しておく。その際，最大値や最小値，最頻値，中央値，ある範囲の度数の数などの平均値以外の視点も価値付けておく。

③集団の特徴をまとめ，結論を出す。

【公平と言える】

・人数が同じだから
・記録の合計が等しいから
・平均値が等しいから
・それぞれの特徴を見ると，それぞれいいところもあれば，悪いこともあるから

【公平と言えない】

（Aチームのほうが強い）
・記録が29あたりに集まっていて，全体的にバランスが取れているから
・25m以下の人が1人もいないから

（Bチームのほうが強い）
・35m以上の記録を出している人がAチームよりも多いから
・記録が40m以上の人が2人もいるから

（どちらが強いとは言えないが公平ではない）
・特徴を見ると，Aチームのいいところもあれば Bチームのいいところもあるので，公平とは言えない

④公平と言えるチームを再編成する。

公平という人もいるけれど，不公平という人もいます。このままじゃ，ゲームができなさそうです。どうしましょう？

チーム替えをすればいいよ

 あの選手とあの選手を入れ替えて……

記録の合計や平均の値，データの散らばっている様子はどうかな？

しかけ 04
最大値や最小値という見方から，「〜以上」や「〜以下（未満）」という範囲の見方へと移行させ，カードを並べ替え，その後のドットプロットの指導に生かす。
➡しこみ 02

しかけ 05
立場をはっきりさせて，決定の根拠を話し合わせる。特に公平と言えない立場を取った子どもには，どちらが強いと言えるのかという判断もさせる。
➡しこみ 02，03

しこみ 02
多様な根拠（平均値以外の資料を調べる視点）を価値付ける。

しこみ 03
不公平という意見があることから，「このままではゲームができない。どうする？」と問いかけ，チームを替えようという考えを引き出す。そして，③で分析した多様な観点を振り返り，より公平と言えるよう，チームを再編成させる。

4 板書計画

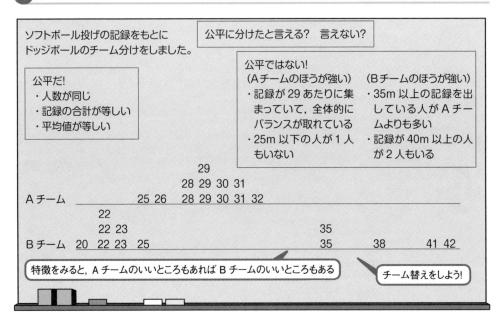

5 「しかけ」と「しこみ」

しかけ 01

■問題を解決する統計の学習では，子どもに目的をもたせることが重要である。ゆえに，主発問は「どちらのチームがよい記録と言えるか」ではなく，「このチーム分けは公平と言えるか」とする。そうすることで，子どもは目的意識をもって，それぞれの集団の特徴を調べようとする。

■なお，記載の実践は活用場面として設定してある。導入で授業を行う場合は，教師から「平均でチーム分けをしました」と宣言し，子どもの「平均でも，何か公平じゃなさそう」という思いを引き出すとよい。

しかけ 02

■データの個数と投げた距離の合計（平均）が等しくなる場面をつくる。そうすることによって，子どもが散らばりの様子に着目してデータを分析できるようにする。

■2つの集団のデータは，最大値と最小値は大きく異なるようにしておく。このことが散らばりの範囲を意識することにつながる。

しかけ 03

■個々の記録はカードにしておき，動かせるようにしておく。また，AチームとBチームの記録が混在しないように，数字を色別で書いておくとよい。この「しかけ」が，後のドットプロットの指導につながる。

🔑 しかけ 04

■本時では，散らばりの様子を考察させたい。そこで，最大値や最小値というある一点の見方から，「～以上」や「～以下（未満）」という範囲の見方へと移行させる。そして，比較する際に，意図的にAチーム，Bチームの資料を上下に揃えて並べ替え，その後のドットプロットを指導する。

🔑 しかけ 05

■立場をはっきりさせて，決定の根拠を話し合わせる。特に，公平とは言えないという立場を取った子どもには，どちらが強いと言えるのかという判断もさせる。そうすることで，資料を分析する多様な視点を共有していく。

🔧 しこみ 01

■算数では，既習事項や既習経験を根拠にして考えようとする態度が大切である。本実践を行う前に，集団を平均値という視点で考察する時間がある。そこで，最大値や最小値，最頻値，中央値，ある範囲の度数の数などの平均値以外の視点も価値付けておく。

🔧 しこみ 02

■子どもにとって，資料を分析する際の視点として，平均値の信頼度は高い。しかし，統計的に分析する際に大切なのは，一面的ではなく多面的に物事を見ることである。そこで，多様な根拠を価値付ける。そして，物事を多面的に分析したり，解釈したりする態度を養っていく。このような態度は，今後，中学の統計学習にも生かされる。

🔧 しこみ 03

■不公平感から，チームを再編成させる。再編成させる際には，③までの活動で出された集団の特徴を見いだした統計的な視点を生かせるように振り返る。選手をトレードしたり，全面的に見直したりしたチームは，「公平かどうか」という視点で授業後に見合ってもいい。このようなデータを評価・吟味する態度を小学校の高学年から育み，中学校の統計学習へとつなげたい。

❻ 本実践と次時以降のつながり

🔧 **しこみ 01** ・・・・・・・・・・・・・➤
■既習事項や既習経験をもとに考える態度

🔧 **しこみ 02** ・・・・・・・・・・・・・➤
■物事を多面的に考察する態度

🔧 **しこみ 03** ・・・・・・・・・・・・・➤
■データを吟味・評価する態度

関連する主な単元
中学校 資料の分析や活用
確率
標本調査

あとがき

　我々は，日々の算数の授業を通してすべての子どもに算数の面白さを味わってほしいと願っている。その面白さは，単に計算ができるようになるとか算数の知識を得るということではない。自分自身が抱いた問題意識に対して真剣に取り組んだ結果，それまでの自分には見えていなかった算数の世界が見えるようになる心地よさを体験することを意味する。ただ，そのような算数授業は，教師が何もせずに自然に実現できるわけがないし，たまたま実現できたというようなものでもない。このような算数授業は，教師の授業づくりに対する熱い思いと工夫なしには決して実現できないのである。

　我々は，そのような教師の工夫を「しかけ」と「しこみ」の2つの手立てで表現してみた。1時間の授業レベルの工夫である「しかけ」は，子どもを主体的にし，子ども同士の対話を生み出し，必然的に深い学びを成立させるようにしていく手立てである。それに対し，毎日の算数授業の中で蓄積される「しこみ」は，算数として価値のある「学び方」，「考え方」，「態度」を継続的に評価することであり，結果的に子どもに学びに向かう力を養っていく。「しかけ」と「しこみ」は，子どもに算数の面白さを味わわせるために欠かせない両輪なのである。

　本書では，「しかけ」と「しこみ」の具体として1年生から6年生までの25本の実践事例を紹介した。そこでは，すべての子どもを算数好きにするという視点からの「しかけ」と「しこみ」の具体を示してみた。なお，その前提となっているのは，「すべての子どもが参加する算数授業」は単なる形式によって実現できるものではないという思いである。つまり，我々が目指す「全員参加の算数授業」は，教師のテクニックによって全員を参加させる算数授業でもなければ，形式的な授業展開のルーチンによって全員を参加させようとするものでもない。一番大事にしているのは，子ども自身が「考えてみたい」，「はっきりさせたい」，「みんなと一緒に話し合いたい」……，というような思いをもつことである。ただしそれは，1時間レベルの授業展開だけで，どうこうなるものであるはずがない。だからこそ，「しこみ」が大事になってくる。

　実は，本書の目的の1つは，算数授業づくりに対する考え方の見直しである。つまり，1時間の算数授業づくりという短期の視点（「しかけ」）と，ずっと継続されていく算数授業づくりという長期の視点（「しこみ」）の両方から，複眼的に日々の授業づくりを考えてみる価値の意識化である。そうすることで，どこのクラスでも偶然ではなく必然的に算数の面白さを子どもが味わえるような算数授業の実現を目指す。我々は，今後も「しかけ」と「しこみ」に関する研究を継続していくが，本書の考えが読者の皆様の授業づくりの参考になれば幸いである。

　2017年7月

[子どもの心に「こだま」する算数授業研究会顧問] 山本　良和

執筆者一覧

*編著者

山本 良和（やまもと・よしかず）

筑波大学附属小学校教諭

1963年高知県生まれ。高知大学卒業，鳴門教育大学大学院修了（修士）。高知県公立小学校，高知大学教育学部附属小学校を経て，現職

國學院大學栃木短期大学講師，全国算数授業研究会常任理事，算数授業ICT研究会副代表，日本数学教育学会渉外部幹事，学校図書教科書執筆・編集委員

著書に，『新版 小学校算数 板書で見る全単元・全時間の授業のすべて 6年下』（監修，東洋館出版社，2011年），『気づきを引きだす算数授業』（文溪堂，2013年），『山本良和の算数授業のつくり方』（東洋館出版社，2013年），『山本良和の算数授業 必ず身につけたい算数指導の基礎・基本55』（明治図書出版，2017年）他多数

*著者

子どもの心に「こだま」する算数授業研究会

*執筆者（所属は2017年6月現在）

山本 良和	上掲：Ⅰ章，あとがき
尾形 祐樹	日野市立日野第五小学校：まえがき，Ⅱ章2年［かけ算］，6年［分数のわり算］
髙井 淳史	国立市立国立第三小学校：Ⅱ章1年［たし算］，6年［場合の数］
岡田 紘子	お茶の水女子大学附属小学校：Ⅱ章1年［ひろさくらべ］
山極 潮	稲城市立稲城第三小学校：Ⅱ章2年［1000までの数］
田中 英海	清瀬市立清明小学校：Ⅱ章3年［あまりのあるわり算］，4年［2けたでわるわり算］
支倉 絵璃	葛飾区立鎌倉小学校：Ⅱ章3年［分数］
黒坂 悠哉	青梅市立第四小学校：Ⅱ章3年［□を使った式］
河内 麻衣子	豊島区立高南小学校：Ⅱ章3年［表とグラフ］
竹上 晋平	新宿区立東戸山小学校：Ⅱ章4年［折れ線グラフ］
小泉 友	立川市立幸小学校：Ⅱ章4年［位置の表し方］，5年［図形の角］
内藤 信義	世田谷区立駒沢小学校：Ⅱ章5年［倍数と約数］，5年［割合］
坂上 裕久	八王子市立恩方第一小学校：Ⅱ章5年［分数のたし算・ひき算］
佐藤 千尋	立川市立第九小学校：Ⅱ章5年［単位量あたりの大きさ］，6年［分数のかけ算］
河合 智史	国立市立国立第三小学校：Ⅱ章5年［正多角形と円］
石川 大輔	荒川区立第一日暮里小学校：5年［角柱と円柱］，6年［資料の調べ方］，6年［比と比の値］
木月 康二	新宿区立四谷小学校：6年［比例と反比例］
他1名	Ⅱ章4年［変わり方調べ］

すべての子どもを算数好きにする
「しかけ」と「しこみ」

2017（平成29）年8月8日 初版第1刷発行

編 著 者　山本　良和
著　　　者　子どもの心に「こだま」する算数授業研究会
発 行 者　錦織　圭之介
発 行 所　株式会社東洋館出版社
　　　　　〒113-0021
　　　　　東京都文京区本駒込5丁目16番7号
　　　　　（営業部）電話 03-3823-9206　FAX03-3823-9208
　　　　　（編集部）電話 03-3823-9207　FAX03-3823-9209
　　　　　振　　替　00180-7-96823
　　　　　U R L　http://www.toyokan.co.jp

印刷・製本：藤原印刷株式会社
装丁・本文デザイン：中濱　健治

ISBN978-4-491-03380-8
Printed in Japan

JCOPY　<(社)出版者著作権管理機構 委託出版物>

本書の無断複写は著作権法上での例外を除き禁じられています。
複写される場合は，そのつど事前に，(社)出版者著作権管理機構（電話:03-3513-6969，
FAX:03-3513-6979, e-mail:info@jcopy.or.jp）の許諾を得てください。